BRUNCHS & GOUTERS À **PARIS**

VANESSA BESNARD

BRUNCHS & GOÛTERS À PARIS

120 ADRESSES TRÈS GOURMANDES

PARIGRAMME

À Mathilde qui aime se prendre pour Alice.

N'hésitez pas à nous écrire : sandrine.gulbenkian@parigramme.fr

Sommaire

MIEL
DE FLEURS

La vie est courte, savourons-la !

"Je portai à mes lèvres une cuillerée du thé où j'avais laissé s'amollir un morceau de madeleine. Mais à l'instant même où la gorgée mêlée des miettes du gâteau toucha mon palais, je tressaillis, attentif à ce qui se passait d'extraordinaire en moi."

Marcel Proust, *Du côté de chez Swann*, 1913.

Jamais à Paris la pâtisserie n'a atteint un tel niveau d'excellence et d'inventivité. Remède à des temps troublés, permettant peut-être un retour au soi idéal de l'enfance – comme le pressentait Marcel Proust –, la gourmandise n'est plus un vilain défaut, mais une source de plaisir sans cesse renouvelée.

Des dizaines de *coffee shops*, de pâtisseries monoproduits, d'authentiques salons de thé, de boulangeries haut de gamme et de *tea time* de grands hôtels invitent à se poser pour un moment de dégustation. Une sélection des meilleurs s'imposait – tout comme celle d'endroits parfaits pour bruncher copieusement entre amis le dimanche, et parfois tous les jours de la semaine. Formule classique avec viennoiseries et œufs brouillés, sans gluten, *kids friendly*, à volonté, *healthy*, italienne, vénézuélienne, british : tout est permis !

BRUNCH

GOÛTER

Au Père Fouettard

9, rue Pierre-Lescot, 1er • M° Les-Halles
Tél. 01 42 33 74 17 • Brunch le dimanche de 11h à 17h en 3 services

Brunch 25 €

pere-fouettard.fr

TRÈS RELAX • C'est l'un des brunchs les plus sympas de Paris, car on s'y sent presque comme à la maison. Dès 11h, les familles commencent à investir les lieux à grand renfort de poussettes car ici les enfants sont les bienvenus et ne dérangent pas les conversations des parents. Une salle de jeux à l'étage avec animateur leur est même consacrée ! Les grands, eux, vont et viennent entre les buffets : un premier disposé sur la terrasse chauffée, un autre sur le bar et un stand à crêpes. Appareil à saucisses de Strasbourg pour confectionner des hot-dogs, œufs en tous genres, paniers débordant de viennoiseries, saumon fumé, énorme plateau de fromages avec raisins frais et fruits secs, épinards à la crème, pain perdu, charcuterie, beignets de calamars, frites... Impossible de tout lister. C'est bon, sans chichi, et le rapport qualité-prix reste excellent.

Bliss

8, rue Coquillière, 1er • M° Les-Halles
Tél. 01 40 28 99 99 • Brunch le dimanche de 12h à 17h

Brunch 29 €

blissparis.fr

POUR S'AMUSER COMME DES ADOS • Dans ces 500 m² que les créateurs ont réussi à rendre cosy, on vient pour se régaler, mais surtout pour jouer. Tout en prenant un café, on s'échauffe autour du baby-foot, on passe la commande et l'on fait des grimaces devant le Blissmaton, sorte de photomaton pour grands enfants. Le brunch est beaucoup plus classique que ne l'est l'endroit : boissons chaudes et froides, pains, viennoiseries, buffet de plats chauds, de salades et de desserts. Après un croissant, un bagel et des penne au poulet, on entame une partie de Puissance 4, puis de Mikado. Petite pause billard avant d'enchaîner sur les pancakes au sirop d'érable ; là, on demande à ce que la table soit débarrassée car une sérieuse partie de Monopoly s'annonce. Chez Bliss, on paie dès l'entrée comme à Disneyland, mais ensuite tout est à volonté. Sans Mickey !

Claus

14, rue Jean-Jacques Rousseau, 1er • M° Louvre-Rivoli ou Pyramides
Tél. 01 42 33 55 10 • Ouvert tous les jours jusqu'à 17h

Petit-déjeuner à partir de 13 €

clausparis.com

L'AMI DU PETIT-DÉJEUNER • Classique, sucré-salé, luxueux, nordique ou anglo-saxon, ici, le premier repas de la journée est roi. Vous pouvez opter pour une formule ou faire votre sélection à la carte pour inventer le brunch idéal parmi les mueslis, granolas, *breakfast bowls,* roestis au saumon, salades, pâtisseries, viennoiseries, thés et autres cafés biologiques… Claus vous accueille également à l'heure du thé, avec scones, biscuits de Noël, et diverses mignardises. Et si certains produits vous ont plu, n'hésitez pas à dévaliser le comptoir épicerie. Un vrai réconfort !

Foucade Paris

17, rue Duphot, 1er • M° Madeleine
Tél. 01 42 36 11 81 • Ouvert tous les jours sauf dimanche et lundi

Gâteau à partir de 6,50 €

foucadeparis.com

POSITIVE PÂTISSERIE • On doit cette pâtisserie nouvelle génération à Marjorie Fourcade, qui sélectionne ses ingrédients avec la plus grande exigence et garantit n'utiliser ni gélatine de porc, ni colorant, ni gluten, ni lactose. Ici, point de graisses saturées ou de sucres rapides : ici, les gâteaux sont bien moins sucrés que la normale. Dans cadre chic et glamour, on savoure La Rustique, croustillant feuilleté à la farine de châtaigne et de riz complet sous une purée de patate douce à la cannelle et une demi-pomme au four, ou le fameux éclair composé d'une pâte à choux légère à l'huile de colza, d'un crémeux au chocolat cru et d'une poire pochée au thé, noisettes brutes caramélisées. Les calories sont même notées pour chaque création. Pas de superflu, juste de la gourmandise.

Jean-Paul Hévin

231, rue Saint-Honoré, 1er • M° Concorde
Tél. 01 55 35 35 96 • Ouvert tous les jours sauf dimanche

Gâteau à partir de 5,80 €, chocolat chaud 7 €

Autres adresses sur le site
jeanpaulhevin.com

CACAO ET DAMNATION • Jean-Paul Hévin est l'une des stars du chocolat français et son Chocolate Bar(re), tout en stuc et en céramique dorée, un véritable lieu de perdition pour amateurs de velouté cacaoté fort en goût mais faible en graisse et en sucre. Ici, les breuvages sont à customiser avec des billes de chocolat, de la chantilly, du gingembre, du coulis de framboise, voire, pour les plus audacieux, des épices, de la banane ou... de la crème d'huître. Parfait pour accompagner l'une des nombreuses pâtisseries légères mais puissantes de la maison, comme la feuillantine ou le cigare croustillant aux embouts chocolatés.

La Régalade Saint-Honoré

106, rue Saint-Honoré, 1er • M° Louvre-Rivoli
Tél. 01 42 21 92 40 • Brunch le dimanche

Brunch 35 €

laregalade.paris

LE TERROIR À L'HONNEUR • Le brunch de Bruno Doucet est aussi réconfortant qu'un repas de famille du dimanche midi... Les entrées sont proposées façon buffet. On pioche parmi les radis à la croque au sel et leur grosse motte de beurre disposée à côté, les avocats garnis de chair de crabe et de sucrine, les terrines campagnarde et de lapin. Puis, place à "la broche du jour", avec des pièces de viande finissant de cuire dans la grande rôtissoire. Le parmentier de canard est généreux et gras comme il faut, et en cas de fringale, on commandera la côte de bœuf à partager. Retour en enfance avec le buffet des desserts : riz au lait grand-mère et caramel laitier, mousse au chocolat lacté irrésistible, crumble de fruits rouges, granola et madeleines chaudes et moelleuses... Toute cette douceur, c'est bon pour le moral !

Oh Mon Cake !!

154, rue Saint-Honoré, 1er • M° Louvre-Rivoli
Tél. 01 42 60 31 84 • Ouvert tous les jours

Gâteau à partir de 2,50 €

ohmoncake.fr

BORN IN USA • Avant, elle s'entraînait sur ses amis. Et puis elle s'est lancée. Elle, c'est Léonora, une vraie passionnée de pâtisseries anglo-saxonnes qui nourrissait le rêve d'ouvrir un jour sa propre boutique. Cookies, brownies, cupcakes, cheesecakes : des classiques revisités comme ce cake doré qui trône en vitrine. Mine de rien, la banane a été mariée au bacon et le sel de la charcuterie contrebalancé par un *cream cheese* au sirop d'érable perché au sommet. Sublime ! Des cookies sans gluten aux brownies débordant de *marshmallows,* il y en a pour tous les goûts. Les jours de grand froid, la tarte reblochon-pommes de terre-cumin sera d'un grand secours... Et Léonora a même pensé à concocter des petits biscuits en forme d'os pour Médor et Max !

Salon de Thé Twinings – Librairie WHSmith

248, rue de Rivoli, 1er • M° Concorde
Tél. 01 44 77 88 99 • Ouvert tous les jours

Afternoon tea 27 €, gâteau à partir de 6 €

whsmith.fr

SO BRITISH ! • Nichée au premier étage de la mythique librairie anglaise chère à Woody Allen, cette *tea room* – fermée pendant plus de trente ans au grand désespoir de nombreux Parisiens – vient de renaître, en association avec la marque de thé Twinings. On y propose plus de cinquante variétés de thés, dont plusieurs sont introuvables dans le commerce. Mais comment apprécier votre « minute Jane Austen » sans *shortbreads* bien beurrés, *carrot cake* ou porridge ? Vous n'avez pas le cœur de choisir ? Commandez l'*afternoon tea*, composé de spécialités d'outre-Manche salées – *pork pie*, toasts – ou sucrées. La vue sur le jardin des Tuileries et le souvenir de George Washington – car vous êtes dans son ancien appartement – ajoutent à la magie des lieux. *Enjoy !*

Sébastien Gaudard

1, rue des Pyramides, 1er • M° Tuileries
Tél. 01 71 18 24 70 • Ouvert tous les jours sauf lundi
Brunch le week-end de 11h30 à 15h

Gâteau à partir de 8 €, chocolat chaud 7,50 €, brunch 35 €

sebastiengaudard.com

CRÉATEUR DE GOURMANDISES • Petit, quand ses camarades jouaient avec de la pâte à modeler, Sébastien Gaudard s'amusait avec de la pâte d'amandes – normal pour un fils de pâtissier. Second de Pierre Hermé pendant trois ans, il se dit aujourd'hui "créateur de gourmandises" et honore la belle tradition française. Dans son écrin couleur "bleu dragée", on redécouvre avec bonheur un mont-blanc croulant sous ses vermicelles de crème de marrons, un généreux saint-honoré, des chouquettes irrésistibles, un baba au rhum délicieusement imbibé. Pour le petit-déjeuner/brunch, on dégustera les confitures maison sur du pain frais ou des viennoiseries, puis des œufs à la coque et leurs mouillettes, un saumon fumé au bois de hêtre et une brioche perdue, à laquelle on pourra cependant préférer l'incontournable chariot des desserts (supplément 6 €). Une magnifique boutique en plein cœur de Paris pour des bijoux de pâtisseries.

Toraya

10, rue Saint-Florentin, 1er • M° Concorde ou Madeleine
Tél. 01 42 60 13 00 • Ouvert tous les jours sauf dimanche

Gâteau à partir de 2,50 €

toraya-group.co.jp/toraya-paris

BIJOUTERIE JAPONAISE • Dans cet écrin dédié aux *wagashi*, les tables en chêne sont peintes de la même couleur que l'*azuki* rouge (haricot) et recouvertes d'une résine qui n'est pas sans rappeler la brillance de l'agar-agar. Pour une initiation à la pâtisserie nippone, on commence par le Yokan aux pommes et couleur caramel, puis on découvre le Manju, sorte de boule de pâte de haricots rouges (addictive !) enrobée d'une brioche cuite à la vapeur, enfin la Rose de Paris, parfumée à l'eau de rose. Le thé est ici une religion. Un sencha idéalement infusé en hiver, un matcha glacé en été, et vous voilà transporté au Japon !

Café Madam

150, rue Saint-Denis, 2e • M° Étienne-Marcel
Tél. 01 40 39 01 45 • Ouvert tous les jours sauf lundi

Brunch 17 € à 22 €

Facebook : Café Madam

FRANCO-LIBANAIS • Si la palme du meilleur service existait, elle serait certainement décernée à Nana et Jennifer, mère et fille à la ville. Dans un décor brut et design agrémenté de stickers rigolos, on se jettera sur les viennoiseries et autres donuts moelleux avant d'attaquer l'assiette à l'américaine avec ses œufs brouillés accompagnés de bacon et de pommes de terre. On pourra aussi opter pour le brunch libanais où tout est entièrement cuisiné sur place, comme ce caviar d'aubergine inoubliable ou ces feuilles de vigne copieusement garnies. Et puisqu'on a envie de faire durer le plaisir, on se lève pour reprendre une part de ce quatre-quarts plein de beurre ou un donut de plus. C'est si bon !

Frenchie To Go

9, rue du Nil, 2e • M° Sentier
Tél. 01 40 26 23 43 • Ouvert du lundi au vendredi de 8h30 à 16h30
et le week-end de 9h30 à 17h30 • Breakfast tous les jours

English breakfast à la carte 25 €

frenchietogo.com

PAS BESOIN D'EUROSTAR • Ici, on est presque à Londres. Grégory Marchand (que Jamie Oliver surnommait "Frenchie" quand ils travaillaient ensemble chez Fifteen) se fournit chez Tim Wilson, un éleveur de porcs reconnu pour la qualité exceptionnelle de ses viandes. Les fromages, eux, viennent de la Neal's Yard Dairy, une célèbre fromagerie de Londres. Pour le café et les produits laitiers, *back to Paris,* Greg a choisi L'Arbre à Café et la maison Beillevaire. On retrouve le cochon de Tim Wilson dans un *pulled pork sandwich* dont la viande est fumée puis confite dans une sauce BBQ maison. Le Reuben est le sandwich phare de la maison avec son pain de seigle aux graines de carvi, de la poitrine de bœuf *shorthorn* fumée, du cheddar et du coleslaw rouge. *Lobster roll* au homard bleu et *fish and chips* sont aussi à la carte. De savoureuses *French fries,* une bière artisanale, un cheesecake et hop !

Hôtel Bachaumont

18, rue Bachaumont, 2e • M° Sentier ou Les-Halles
Tél. 01 81 66 47 00 • Brunch le dimanche à partir de 11h30

Brunch 37 €, brunch enfant 14 €

hotelbachaumont.com

LE BRUNCH ART DÉCO • C'était une véritable institution au début du XXe siècle, à l'époque où le marché des Halles était le ventre de Paris. Pour faire revivre l'hôtel, les architectes ont voulu mettre en valeur son cachet d'autrefois (porche en verre et fer forgé) et ont même retrouvé l'inscription historique gravée dans la pierre de taille. Dressé sur le bar, le brunch se la joue buffet à volonté en mêlant les grands classiques (viennoiseries, œufs brouillés, saumon, charcuterie) à des suggestions plus travaillées comme les tartes aux légumes et les salades gourmandes. La formule comprend même un plat : dos de saumon, parmentier de canard ou excellent gratin dauphinois. À plusieurs, on n'hésite pas à se partager une énorme côte de bœuf, puis on retourne au buffet dévorer choux à la crème, tarte au citron et crème au chocolat. Le plus de la maison ? Un magicien qui s'occupe de vos enfants, de 12h30 à 15h : la belle idée !

La Tarte

5, rue de Damiette, 2e • M° Sentier
Tél. 09 73 53 37 82 • Brunch le dimanche de 11h30 à 14h30, sur réservation

Brunch 22 €

latarte.fr

PAS TARTES, LES TARTES • À base de pâte feuilletée, brisée, sablée, les tartes, qui sont les spécialités uniques de la maison, surfent sur la tendance monoproduit. Pourtant, point d'esbroufe ici. Si Sébastien, ancien directeur artistique dans le milieu de la mode, a tout d'un hipster – rasé, barbe touffue, jean retroussé –, il défend des valeurs bien tradis, le retour aux sources, le “simple mais bon”. Le brunch, qui se fait uniquement sur réservation (il a du succès, le bougre !), comprend des boissons chaudes et froides et un assortiment de tartes salées ou sucrées. On se décidera donc pour la quiche lorraine, la courgettes-confiture de tomates ou la poire-chèvre, avant de goûter la tarte au citron meringuée, la reine-claude ou la démente chocolat-caramel au beurre salé.

Les Souris Dansent

16, rue Marie-Stuart, 2e • M° Étienne-Marcel
Tél. 09 73 63 47 63 • Ouvert tous les jours sauf lundi de 15h à 1h du matin

Gâteau à partir de 5 €

Facebook : Les Souris Dansent – Café LSD

LE CAFÉ DE TOUS LES POSSIBLES • LSD, c'est un lieu pluriel où chacun se sent bien et libre. Libre de siroter un café en bouquinant, de dévorer les pâtisseries de Yann Le Gall l'après-midi (notamment un *roll cake* japonais revisité à la française, ou un Tiny Cub, petit chou carré fourré à la crème pâtissière) ou de passer en soirée pour un apéro tapas du monde. Dans ce joli salon de thé tamisé du quartier Montorgueil, choisissez votre espace zen en fonction de votre humeur : la première salle est animée, propice aux échanges et aux rencontres (des ateliers y sont organisés) ; la seconde, plus intime, destinée à ceux qui veulent lire ou faire le vide dans leur tête.

Liza

14, rue de la Banque, 2e • M° Bourse
Tél. 01 55 35 00 66 • Brunch samedi et dimanche de 12h à 15h30

Brunch 34 €

restaurant-liza.com

UN AIR DE BEYROUTH • Le dimanche, comme au Liban, on se retrouve en bande chez Liza, où l'on partage une cuisine orientale revisitée, aussi légère que savoureuse. Pour commencer, houmous, taboulé, sélection de fromages, ou bien un incroyable *foul* tiède (ragoût de pois chiches et de fèves) à goûter absolument. La purée d'aubergines grillées se déguste avec le pain pita, avant que l'on n'entame le plat du jour – par exemple, le *moulokhié* composé de blanc de poulet, de ragoût de corette (plante aux vertus diurétiques), d'ail et de coriandre. Pour quelques euros de plus, vous pourrez découvrir les spécialités du lieu, tel le *kebbé nayé,* une viande d'agneau hachée crue au blé concassé. En dessert, impossible de résister aux baklavas maison, à la salade de fruits frais, au gâteau de semoule au fromage ou au flan à la fleur d'oranger.

Pascade – Alexandre Bourdas

14, rue Daunou, 2e • M° Opéra
Tél. 01 42 60 11 00 • Ouvert tous les jours sauf dimanche et lundi

Pascade à partir de 8 €

alexandre-bourdas.com/fr/pascade-la-cantine-auberge

ROUERGATE ET FIÈRE DE L'ÊTRE • Alexandre Bourdas a fait de cette galette préparée à base d'œufs et de farine, traditionnellement servie à Pâques dans le Rouergue, sa spécialité. Elle se déguste à toutes les sauces dans son auberge près de l'Opéra. Du bois de noyer habille cette jolie cantine tout en longueur, au décor subtilement épuré. Pour une initiation, commencez par la version beurre demi-sel sucre. Vous le sentez, ce doux arôme de rhum ? Convaincu ? Vous êtes donc prêt à découvrir la pascade garnie d'un sorbet au jus d'orange, de meringue, de congolais ou d'une crème de yaourt fraise-rhubarbe. Les *choco addicts* adoreront la Doublement Chocolat, servie chaude et proposée avec une mousse légère soufflée au chocolat noir. Autre option : la prune et pamplemousse aux prunes rôties, chair de pamplemousse, huile d'olive et crème pâtissière. Et si l'expérience vous a plu, revenez donc explorer toute la gamme des variations salées !

Twinkie Breakfasts

167, rue Saint-Denis, 2e • M° Étienne-Marcel
Tél. 01 42 36 92 58 • Brunch tous les jours en continu, sans réservation

Brunch à partir de 18 €

Facebook : Twinkie Breakfasts

C'EST QUAND VOUS VOULEZ ! • Chez Twinkie (du nom d'un petit gâteau américain ultrachimique), nul besoin d'attendre le week-end pour bruncher. Ici, c'est tous les jours et, mieux encore, à toute heure ! Si la salle est petite, bruyante et souvent enfumée, on s'installe volontiers en terrasse avant d'attaquer le tour du monde des brunchs. Français, israélien, nordique, américain, anglais, *gluten free* : ils sont tous là. Les jus sont pressés minute, les œufs bios, les confitures maison. Notre préférence va au brunch nordique avec saumon, œufs pochés et leur généreuse sauce hollandaise. La prochaine fois, on goûtera les savoureux pancakes et bagels de la maison ! Conseil d'ami : il faut venir tôt, surtout les week-ends ensoleillés, car aucune réservation n'est possible.

Café Pinson

6, rue du Forez, 3ᵉ • M° Filles-du-Calvaire
Tél. 09 83 82 53 53 • Brunch le dimanche de 12h à 16h, sur réservation

Brunch 25 €, gâteau à partir de 5 €

Autre adresse sur le site
cafepinson.fr

SAIN ET GOURMAND • Bio, *healthy, made in Paris* : le credo de la maison est de bon augure. À l'origine, il y a Agathe, férue de naturopathie et persuadée que l'on peut se faire du bien en se régalant. Détox et gourmandise végane vont de pair dans ses deux adresses au décor raffiné signé Dorothée Meilichzon (voir aussi p. 32). Pas de blé, aucun produit laitier : l'établissement propose une cuisine exclusivement végétarienne, riche en superaliments, et ce tout au long de la journée. L'après-midi, on demandera le crumble pommes-quatre épices 100 % végane, le crémeux au citron et pralin ou le pudding aux graines de chia. Le dimanche, à vous le brunch : pain, beurre végétal, confiture maison, madeleines à la courgette, œuf à la coque, salades et en dessert une compote à la rhubarbe qui dépote !

Dessance

74, rue des Archives, 3e • M° Rambuteau ou Arts-et-Métiers
Tél. 01 42 77 23 62 • Ouvert du mercredi au dimanche midi et soir

Dessert à la carte (avec mise en bouche et mignardises) 19 €

philippebaranes.com/dessance

SPÉCIAL BECS SUCRÉS • Préparez-vous à vivre une expérience gastronomique unique au monde ! En effet, Dessance n'est ni une pâtisserie ni un salon de thé, mais bel et bien un restaurant où l'on ne propose presque que des desserts. Ici, on savoure des fruits, mais aussi des légumes cuisinés minute à l'assiette par Christophe Boucher qui, après la Mare aux Oiseaux et le Pavillon Ledoyen, a signé les desserts du Grand Véfour. Il y a un cérémonial : la mise en bouche prépare le palais au sucre, puis se succèdent raviole de mandarine, granny smith glacée, purée (sucrée !) de pommes de terre vitelottes et omelette norvégienne au cœur coulant de caramel au beurre salé, sans créer la moindre lassitude. L'accord avec un riesling s'impose, et le gewurztraminer Ostertag vendanges tardives tape juste. Surtout, ne faites pas contrôler votre glycémie après ces délices, sous peine de finir à l'hosto illico !

Jacques Genin

133, rue de Turenne, 3e • M° Filles-du-Calvaire ou République
Tél. 01 45 77 29 01 • Ouvert tous les jours sauf lundi

Gâteau à partir de 8 €, chocolat chaud 7 €

jacquesgenin.fr

CHOCOLAT DE COMPÉT' • Tour à tour chef, puis pâtissier, Jacques Genin a choisi de travailler son ingrédient de prédilection, le chocolat, et est ainsi devenu "fondeur". Son laboratoire de 200 m² se situant au premier étage, le salon de dégustation, installé au rez-de-chaussée, se trouve donc aux premières loges. Si l'on vient chez Jacques Genin, c'est pour goûter son chocolat chaud suave et sirupeux, ainsi que ses ganaches exquises et autres pâtes de fruits. Le génie du monsieur ne s'arrête pourtant pas là. Entre deux recettes de chocolat, il se met à la pâtisserie et réalise des paris-brest montés minute. Si la tarte au citron et le cheesecake font désormais partie des best-sellers, ne négligez pas pour autant le millefeuille, praliné ou vanille. Et mieux vaut ne pas quitter l'endroit sans avoir acheté une boîte de caramels mangue-passion et quelques rochers – complètement addictifs !

Lily of the Valley

12, rue Dupetit-Thouars, 3e • M° Arts-et-Métiers ou République
Tél. 01 57 40 82 80 • Ouvert tous les jours

Gâteau à partir de 4 €, thé 4,50 €

Facebook : Lily of the Valley

WOULD YOU LIKE A CUP OF TEA? • Sous ce plafond orné de fleurs, on ne serait pas étonné de trouver un chat rose perché dans un arbre ou une chenille en train de fumer. On pénètre en fait au paradis du thé *made in France* et bio, vendu en vrac, mais que l'on peut bien évidemment siroter sur place à l'occasion d'un joyeux non-anniversaire ! Stars des salons de thé, les cheesecakes sont ici *low fat*, les cookies au granola, et les scones agrémentés de cranberries. Pauline, la maîtresse des lieux, voue une passion au thé et sera votre meilleure conseillère. Thé vert aux amandes, maté 100 % et, pour les plus audacieux, thé au poivre rose et blanc... chaque boîte métallique contient un trésor – servi dans une charmante porcelaine désuète !

Profiterole Chérie

17, rue Debelleyme, 3e • M° Filles-du-Calvaire
Tél. 01 42 77 90 62 • Ouvert tous les jours sauf lundi et mardi

Gâteau à partir de 6 €

profiterolecherie.fr

TELLEMENT CHOU ! • Dans la famille des monoproduits, je demande la profiterole ! Meilleur Ouvrier de France, Philippe Urraca (qui s'est fait connaître du grand public en participant à l'émission "Qui sera le prochain grand pâtissier ?") a choisi de ne travailler que la profiterole qui représente précisément "tout le savoir-faire d'un chef pâtissier". Dans sa bonbonnière toute rose, elles sont fabriquées minute. Matières premières de grande qualité, glaces artisanales Pole Sud et craquelin au-dessus, ces profiteroles de luxe reprennent toutes les grandes recettes pâtissières traditionnelles : la Ma Chérie citron meringuée cache un crémeux et un confit de citron, la Ma Chérie Mont-Blanc aux éclats de marron et chantilly surprend par son discret confit de cassis, tandis que la Ma Chérie Paris-Brest disparaît presque sous l'onctueuse sauce chocolat au lait-noisettes.

Rachel's

25, rue du Pont-aux-Choux, 3e • M° Saint-Sébastien-Froissart
Tél. 01 44 61 69 68 • Ouvert tous les jours

Brunch à partir de 10,50 €, cheesecake 7 €

Facebook : Rachel's Pont aux Choux

LA REINE DU CHEESECAKE • Elle s'est tout d'abord fait connaître par son excellente recette de cheesecake pour laquelle les aficionados pouvaient traverser tout Paris. Rachel reçoit maintenant chez elle, dans son joli café américain aux teintes bleutées chères à la décoratrice en vogue Dorothée Meilichzon. C'est ici le royaume du *pulled pork*, d'immenses salades-repas mêlant dans l'assiette chèvre pané et pêches, de jolis *buns* briochés emprisonnant bacon, coleslaw à la coriandre, *cream cheese* et cheddar. Le tout à arroser de soda Dr Pepper. On ne manquera pas de terminer les réjouissances par la Rolls des cheesecakes (version nature, Oreo ou caramel) à la croûte bien épaisse, à l'appareil ferme et léger et au glaçage gourmand. Le week-end, pour le brunch, on se régale de *buns*, œufs, jus pressés, saumon et de tous les célèbres desserts : cookies, muffins, cakes… et cheesecakes, bien sûr.

T'Cup

16, rue des Minimes, 3e • M° Chemin-Vert
Tél. 01 42 72 00 98 • Ouvert tous les jours

Gâteau à partir de 2,50 €

t-cupparis.com

UN PEU DE MAGIE DANS NOTRE VIE • Accueillantes et joviales, Nassila et sa maman ont choisi les atmosphères magiques de Harry Potter et d'Alice au pays des merveilles pour la déco de leur petit salon. Alangui sur de gros chesterfields capitonnés, une tasse de thé parfumé (de la maison Palais des Thés) à portée de main, on se délectera selon l'humeur de scones, de petits *finger sandwiches* ou de gâteaux maison : cookies, muffins pomme-cannelle, brownies, moelleux aux marrons – parfaits à Noël... À moins que ce ne soit le jour du *banana bread*, du *carrot cake* à l'épais *cream cheese*, du *lemon cake* au pavot, ou de l'original pudding à l'orange accompagné de sa crème anglaise !

Umami Matcha Café

22, rue Béranger, 3ᵉ • M° République ou Temple
Tél. 01 48 04 06 02 • Ouvert tous les jours sauf lundi

Brunch 27 € ou 30 €

umamiparis.com

LES DÉLICES DE TOKYO • Dans cette grande cantine japonaise épurée et lumineuse, le matcha (thé vert japonais) est roi. Les brunchs offrent un festival de saveurs singulières : confiture de yuzu maison, *smoothie bowl* au matcha, granola aux écorces de yuzu, galettes de riz snackées au sésame noir ou opéra au matcha pour les végétariens. À la carte, notre préféré, le brunch Umami : une brioche au matcha faite maison tous les matins, des œufs brouillés au *gomashio* noir, un chèvre frais au yuzu, des brochettes de poulet marinées au soja, un taboulé de quinoa et une salade de fruits. Sain, néo-nippon et vraiment gourmand, tout ça ! Pour parfaire ou reproduire l'expérience, un tour dans l'épicerie Umami s'impose.

La Mangerie

7, rue de Jarente, 4ᵉ • M° Saint-Paul
Tél. 01 42 77 49 35 • Brunch le dimanche

Brunch 27 €, brunch enfant 7 €

la-mangerie.com

LES GRANDS SE RÉGALENT, LES ENFANTS JOUENT • Le week-end, on vient bruncher à La Mangerie avec les enfants. Dès l'arrivée, une super animatrice-nounou les prend en charge et les accompagne au sous-sol où ils vont s'amuser pendant des heures (coloriage, jeux de société, peinture, chansons...) après avoir rapidement englouti leur steak-frites ou saucisse-purée. Pendant ce temps, à l'étage, les parents profitent d'un brunch copieux dans une salle à manger champêtre où les arbres poussent sur les murs et où des vélos sont accrochés au plafond. On commence par de la brioche et du pain que l'on tartine de beurre, de confiture, de tapenade noire, de Boursin ou d'houmous. On sirote son jus détox avant de choisir entre œufs brouillés saumon ou saucisse. Avant de descendre récupérer les monstres, goûtez le moelleux au chocolat du chef... Ça vous requinquera pour le reste de la semaine !

COMPLÈTEMENT GIVRÉ

Envie de rafraîchissement subtil ? D'invention ? Les glaciers à Paris sont en plein renouveau, et même en hiver il est toujours plaisant d'aller planter sa cuillère dans une boule de saveur !

Si n'importe quel Parisien qui se respecte connaît l'institution de l'île Saint-Louis, **Berthillon**, et ses parfums exquis (moka-tiramisu ou mandarine-chocolat, par exemple), d'autres glaciers méritent également une petite visite. Après de longues années pendant lesquelles il a travaillé chez les autres, Emmanuel Ryon, Meilleur Ouvrier de France glacier 2000 et Champion du Monde de pâtisserie, s'est associé à son ami Olivier Ménard, pâtissier émérite passé chez Pierre Hermé, pour créer **Une Glace à Paris**. Chez ce glacier nouvelle génération où la crème est reine, on retrouve les parfums classiques vanille, café, praline et divers fruits, que l'on agrémente parfois d'une nougatine croquante.
Le *must* ? S'attabler côté salon de dégustation et commander la fameuse omelette norvégienne ou le vacherin de la maison.

Après avoir conquis toute l'Italie et New York, **Grom**, le célèbre glacier originaire de Turin, multiplie les adresses à Paris. La qualité des matières premières de même que le savoir-faire artisanal italien font de lui l'un des meilleurs de la capitale. Les fruits sont bios, les œufs aussi, et tous les parfums proposés certifiés sans gluten. Les sorbets fraise et citron de Syracuse sont incroyables, et côté crème glacée on ne peut que vous recommander la pistache de Bronte.

> BERTHILLON

29-31, rue Saint-Louis-en-l'Île, 4e
M° Pont-Marie ou Saint-Paul
Tél. 01 43 54 31 61 • Ouvert tous les jours sauf lundi et mardi • 2,50 € la boule
berthillon.fr

> UNE GLACE À PARIS

15, rue Sainte-Croix-de-la-Bretonnerie, 4e • M° Hôtel-de-Ville ou Saint-Paul
Tél. 01 49 96 98 33 • Ouvert tous les jours sauf lundi et mardi • 3,80 € la boule
une-glace-a-paris.fr

> GROM

Ouvert tous les jours • 3,70 € le pot
grom.it/fr

Le Dôme du Marais

53 bis, rue des Francs-Bourgeois, 4e • M° Saint-Paul
Tél. 01 42 74 54 17 • Brunch le dimanche

Formule 30 € ou à la carte 50 €

ledomedumarais.fr

DANS UN DÉCOR HISTORIQUE • Excusez du peu : vous bruncherez ici dans l'ancienne salle des ventes du Mont-de-Piété, coiffée par Gustave Eiffel d'une coupole de verre et de métal, à décor de caissons et de rosaces. À la carte, on fait son choix parmi de belles suggestions : thon rouge mariné au citron vert, foie gras maison au thé vert, puis œufs Bénédicte au comté, pizza à la truffe noire, burger au canard ou *fish and chips*. Plus classique, la formule est composée de l'indispensable panier de viennoiseries, d'un jus frais, d'une boisson chaude, d'œufs (cuisinés à votre convenance), d'une petite salade et de pancakes. Ici, lever les yeux au ciel n'est pas impoli.

Le Loir dans la Théière

3, rue des Rosiers, 4e • M° Saint-Paul
Tél. 01 42 72 90 61 • Ouvert tous les jours, brunch samedi et dimanche, sans réservation

Brunch 19,50 €, gâteau à partir de 6 €

leloirdanslatheiere.com

À LA COOL • Dans ce salon de thé un peu foutraque où chaque meuble, lampe ou objet de déco a été chiné, on se sent bien depuis des lustres, affalé dans un fauteuil ou sur un canapé. La star locale ? La tarte au citron meringuée, démesurément généreuse. Côté brunch, on fait ici dans l'hyper classique : yaourts, compotes, jus de fruits, puis œufs préparés selon vos envies, bacon qui croustille et viennoiseries en tous genres. Attention, il y a toujours beaucoup de monde et les réservations ne sont pas le genre de la maison.

La Fourmi Ailée

8, rue du Fouarre, 5e • M° Cluny-la-Sorbonne
Tél. 01 43 29 40 99 • Ouvert tous les jours

Gâteau à partir de 5 €

parisresto.com

POUR LES AMIS DES LIVRES • Bienvenue dans un lieu enchanteur niché non loin de Notre-Dame, où les nuages filent à la vitesse du vent sur le plafond, où les piliers sont parés de guirlandes multicolores et où des milliers de bibelots semblent régner en maîtres. Cocon parfait pour une pause lecture en solo, ce joli salon de thé a gardé les traces de sa vocation première de librairie : les livres y débordent de partout. Rien de plus agréable que de passer ici quelques heures au calme, devant un chocolat viennois, une part de tarte au citron et un bon bouquin. Pour plus de tranquillité encore, on trouvera refuge sur la mezzanine...

Le SweetSpot

108, rue Mouffetard, 5e • M° Censier-Daubenton ou Place-Monge
Tél. 09 81 49 45 45 • Brunch en semaine de 11h à 14h30, le week-end de 11h à 15h

Brunch 22 €

lesweetspot.paris

PÂTES À TARTINER DU MONDE ENTIER • Elles sont jeunes, sympas, gourmandes et fans de pâtes à tartiner. Justine et Joséphine, qui se sont rencontrées sur les bancs de la fac, décident un jour d'ouvrir le tout premier bar à pâtes à tartiner parisien. Dès l'entrée, on est attiré par les pots de toutes les couleurs : caramels, confitures de lait, pâte de spéculoos, *curds*, crèmes, gelées, confitures, et l'inoubliable Fluff aux *marshmallows*. Sans plus tarder, on tartine le bon pain frais de la boulangerie voisine avec la crème contenue dans l'un des trois pots différents de son panier, tout en goûtant les muffins, brioches et autres cakes maison. Le brunch, ici, est servi quotidiennement : boisson chaude à volonté, le fameux panier, une tartine salée, le plat du jour (par exemple, un filet de lieu jaune et ses petits légumes croquants) et, bien sûr, un dessert *so sweet*.

Maison Marie

222, rue Saint-Jacques, 5e • RER Luxembourg
Tél. 01 43 54 78 68 • Brunch samedi et dimanche de 11h à 16 h

Brunch 30 €

maisonmarie.fr

BONNE MAISON • Cet ancien primeur sis près du jardin du Luxembourg a laissé place à une grande brasserie admirablement décorée, avec ses canapés en velours et ses luminaires italiens très *fifties*. À la belle saison, on appréciera davantage le brunch sur l'immense terrasse plein sud et sous la marquise début de siècle. La formule reste hyper-classique : pain, beurre, confiture et viennoiseries ouvrent le bal, suivis d'un granola maison aux fruits frais, d'œufs brouillés très réussis. Les gros appétits passeront ensuite au plat du jour, comme ce poulet fermier rôti Label Rouge et ses excellentes frites, avant de finir par une salade de fruits ou une part de tarte. Celle aux framboises, en particulier, est délicieuse !

Odette

77, rue Galande, 5e • M° Saint-Michel
Tél. 01 43 26 13 06 • Ouvert tous les jours

Chou 1,90 €, la boîte de 6 à 9,90 €

Autre adresse sur le site
odette-paris.com

TOUT CHOU • Enfant, Frédéric Berthy goûtait tous les mercredis, en compagnie de ses cousins, chez sa grand-mère qui aimait leur préparer des choux à la crème. N'arrivant pas à retrouver le goût exquis ancré dans ses souvenirs, le jeune homme a décidé de quitter le milieu de l'informatique pour réinventer cette recette inimitable, avec l'aide de quelques chefs pâtissiers. Ces petits gâteaux à la pâte légère et moelleuse sont surmontés d'un joli glaçage coloré et fourrés d'une crème pâtissière bien équilibrée en sucre. On les déguste sur place, dans cette boutique noire avec vue sur Notre-Dame, et l'on embarque un étui de douze choux pour prolonger l'instant de délice chez soi et découvrir chaque parfum : vanille, chocolat, caramel, pistache, café, fruits des bois, thé vert, praliné ou citron.

Sadaharu Aoki

56, boulevard de Port-Royal, 5e • M° Les-Gobelins
Tél. 01 45 35 36 80 • Ouvert tous les jours sauf lundi

Gâteau à partir de 5 €

sadaharuaoki.com

TOKYO-PARIS : ALLER SIMPLE POUR LE BONHEUR • À l'opposé de Toraya (voir p. 18) qui ne propose que des créations japonaises, Sadaharu Aoki, lui, s'inspire des pâtisseries traditionnelles françaises pour les revisiter à la sauce nippone. Les macarons se voient donc parés de parfums de l'Orient : yuzu, *genmaicha,* sésame noir ou matcha. On retrouve la brioche vapeur aux haricots *azukis,* quelques *mochis* et l'incroyable Zen, pièce phare de la maison, soit une dacquoise à la noisette imbibée de cognac, une pâte sucrée au sésame, un crémeux au sésame noir et au matcha. Et à l'occasion de l'Épiphanie, on pourra goûter la galette élaborée à base de frangipane au matcha, d'une pâte de haricots rouges et d'un soupçon de rhum... *Hip !*

Tea Lichou

7, rue Broca, 5ᵉ • M° Les-Gobelins ou Censier-Daubenton
Tél. 09 81 02 10 83 • Ouvert du mardi au samedi de 11h45 à 18h30

"Lichouseries" à partir de 2,50 €

tealichou.fr

RETOUR EN ENFANCE • Dans ce *ty lichou* – la "maison des gourmands" en breton –, on régresse en douceur et ça fait du bien ! Il y a une marelle, une balançoire et des fauteuils douillets propices à une partie de bataille navale entre amis ou en famille... On adore les cookies, préparés minute et servis tièdes, les muffins au beurre salé, le fondant cacao et l'impertinent Cicoco (génoise à la noix de coco, crème citron et glaçage chantilly-coco). La carte des gâteaux change tous les jours, la plupart des thés et infusions sont bios et l'équipe très sympa.

The Tea Caddy

14, rue Saint-Julien-le-Pauvre, 5e • M° Saint-Michel
Tél. 01 43 54 15 56 • Ouvert tous les jours de 11h à 19h

Thé 8 €, gâteau 5 €, brunch 28,80 €

the-tea-caddy.com

LA LADY DES SALONS DE THÉ PARISIENS • *Good afternoon* et bienvenue dans cette institution fondée en 1928, véritable salon de thé à l'anglaise, tout de poutres habillé, où l'on lit religieusement la carte des thés (qui ne compte pas moins de quatre pages)... Noir, vert, blanc, fumé, bio, rouge aux saveurs chocolatées, bleu-vert aux accents de miel, chaque variété est scrupuleusement décrite. Pour se croire vraiment outre-Manche, on accompagne sa *cup of tea* en porcelaine de scones du Devon garnis de *clotted cream* (la vraie !) et de confiture maison. Le week-end, pour le brunch, on choisira d'abord son thé avant de se délecter d'un jus pressé, d'une assiette d'œufs brouillés avec poitrine de porc ou saumon, pour finir sur une pâtisserie anglaise : scones bien sûr, mais aussi *buns* et muffins. Un endroit qui vaut le détour, dans un quartier plein de charme.

Aux Prés

27, rue du Dragon, 6ᵉ • M° Saint-Sulpice ou Saint-Germain-des-Prés
Tél. 01 45 48 29 68 • Brunch le dimanche de 11h30 à 15h

Brunch 39 €

restaurantauxpres.com

GOURMAAANGG ! • Le Chardenoux des Prés a changé de nom. Il se nomme désormais Aux Prés, afin d'éviter toute confusion avec son cousin de la rive droite. On savoure déjà le lieu : un authentique bistrot parisien classé monument historique, chaleureux et feutré. Le personnel looké jean-Stan Smith oscille entre retenue élégante et familiarité avec les fidèles. On est choyé et on en redemande. Certes, le brunch n'est pas donné, mais on paie la patte Lignac : produits excellents, bien travaillés, joliment présentés. En un tournemain, le jus pressé est servi, puis suivent un thé fumé Mariage Frères, des viennoiseries (de La Pâtisserie Cyril Lignac) à tomber, une pâte à tartiner maison au goût très prononcé de pralin. Les plus raisonnables pencheront pour l'omelette blanche, et les autres pour un burger ou des œufs Bénédicte. Mais on succombera forcément à l'attrait des diaboliques pancakes fourrés de pâte à tartiner et recouverts de chantilly.

Café Pouchkine

155, boulevard Saint-Germain, 6e • M° Saint-Germain-des-Prés
Tél. 01 42 22 58 44 • Ouvert tous les jours

Gâteau 10 €, 3 macarons 9 €

Autres adresses sur le site
cafe-pouchkine.fr

TOUT LE CHIC MOSCOVITE • Plus besoin d'aller à Moscou ou Saint-Pétersbourg pour s'imaginer dans un roman de Tolstoï ! Dans ce salon de thé tout en lustres et en moulures, on boit le thé à la russe. Et si le chef pâtissier, Julien Alvarez, travaille les grands classiques comme la tarte au citron, au chocolat ou bien l'éclair, il ne manque pas de les agrémenter d'une crème au *tvorog* (fromage blanc populaire en Russie). Mais si on se rend chez Pouchkine, c'est pour goûter aux "vraies" pâtisseries russes comme le Medovick, un biscuit parfumé au miel de sarrasin, garni de crème à la confiture de lait et de crème Smetana (équivalent de notre crème fraîche). La Pavlova est bien sûr de la partie, ainsi que la Rozovaya, dôme de mousse vanille-mascarpone au cœur de compote de cassis et son croustillant d'amandes.

Colorova

47, rue de l'Abbé-Grégoire, 6e • M° Saint-Placide
Tél. 01 45 44 67 56 • Ouvert tous les jours sauf lundi

Brunch de 22 € à 45 €, gâteau à partir de 5,50 €

Facebook : Colorova

TRÈS BEAU, TRÈS BON • Une dînette gastro, un resto mignon, un labo, une pâtisserie stylée, Colorova est un peu tout cela à la fois. On doit ce salon de thé nouvelle génération, où chaque petit gâteau est confectionné sur place et présenté comme une œuvre d'art, à Guillaume Gil, un ancien du Plaza Athénée. Ici, on goûte aussi à un confort merveilleux, dans les fauteuils ou sur de profondes banquettes, en savourant une exquise tartelette spéculoos, caramel et cacahuètes, la star de la maison. Le week-end, on brunche avec d'excellentes viennoiseries 100 % pur beurre, des gaufres, des crêpes, des salades, du saumon fumé et, en dessert, la crème de citron posée sur une nougatine au sésame noir, nommée Paul Sésame.

L'Atelier des Gâteaux

23, rue de l'Abbé-Grégoire, 6ᵉ • M° Saint-Placide
Tél. 01 42 84 19 05 • Ouvert tous les jours sauf lundi

Cupcake à partir de 3,70 €, gâteau à partir de 5 €

ateliердesgateaux.com

LE ROYAUME DES CUPCAKES • Dans cette boutique-atelier *very girly*, on vient savourer une tasse de thé et un petit gâteau que l'on pioche parmi la dizaine de suggestions diaboliques de la maison : cupcakes aux goûts régressifs, *cake pops* (des gâteaux-sucettes), macarons ou cheesecake. N'essayez pas de résister devant le Crazy Cupcake, aussi gros que dingo ! Composé d'une base de génoise et d'un glaçage bien beurré, le cupcake disparaît presque sous les toppings : M&M's, morceaux de Kinder Bueno et Choco-Bons entiers. La maison propose aussi des cours de pâtisserie dans une super ambiance, des *layer cakes* et des gâteaux à l'effigie des héros préférés de vos enfants...

L'Heure Gourmande

22, passage Dauphine, 6ᵉ. M° Saint-Germain-des-Prés
Tél. 01 46 34 00 40 • Ouvert tous les jours de 11h30 à 19h

Gâteau à partir de 6 €, brunch 28 €

Facebook : L'Heure Gourmande

LE TEMPS Y PASSE TROP VITE • Situé dans l'un des plus beaux passages de Paris, ce salon de thé cosy est niché à l'abri des regards et de l'agitation de Saint-Germain-des-Prés. Sur le comptoir, toutes les tentations font de l'œil au visiteur, et il n'est vraiment pas facile de choisir entre la tarte aux mirabelles, le fondant au chocolat et une glace Berthillon ! Dans la formule brunch, on retrouve le chocolat chaud à l'ancienne pour les puristes et quelques suggestions de thés Mariage Frères. Après avoir englouti la dernière tranche de brioche couverte de confiture pomme-cannelle, il est temps de trancher entre le saumon fumé et sa crème fraîche et l'une des tartes salées maison. Un thé, une compote, une tarte au citron meringuée ou un cheesecake et ça y est, il est déjà 18h...

Mamie Gâteaux

66, rue du Cherche-Midi, 6e • M° Saint-Placide
Tél. 01 42 22 32 15 • Ouvert tous les jours sauf dimanche et lundi

Gâteau 5 €

mamie-gateaux.com

HYPER-RÉTRO • Toile cirée, gazinière en fonte un peu (beaucoup) émaillée – pas de doute, on a remonté le temps ! Atterrissage réussi chez Mamie, en province, il y a cinquante ans. Sur le plan de travail recouvert d'un torchon à carreaux, un *carrot cake*, un fondant au chocolat, une tarte aux fruits du jour, des scones merveilleux et un pain perdu qui finit d'absorber le beurre et le sucre en cuisine se font désirer. On cherchera en vain la chicorée moulue ; ici, on boit du darjeeling de l'Himalaya ou un thé vert aux doux accents de cerise. Et pour se faire vraiment plaisir, on goûtera le chocolat chaud de la maison couronné de chantilly. Prudence : l'endroit est très connu des clientes du Bon Marché voisin, mieux vaut s'y rendre tôt en semaine et le samedi.

Coutume Café

47, rue de Babylone, 7ᵉ • M° Saint-François-Xavier
Tél. 01 45 51 50 47 • Brunch samedi et dimanche de 11h à 16h, sur réservation

Brunch 25 €

coutumecafe.com

POUR LES COFFEE ADDICTS • Amateurs de café, voici votre royaume ! Thaïlande, Équateur, Mexique, Kenya, le meilleur des cinq continents est chez Coutume. Torréfiés sur place, les grains sont ensuite transformés en *macchiata*, en *flat white* ou en *latte*. Vous n'irez plus jamais chez Starbucks après ça ! Côté brunch, trois formules, composées de bacon, saumon, salades, œufs brouillés, granola maison et viennoiseries moelleuses. La *frittata* de champignons est un régal, ainsi que le saumon aux algues. On pourra également goûter le Burrito spécial avec œufs brouillés, bacon et sauce au choix. En dessert, *pecan pie*, *carrot cake* ou, en fin d'année, une généreuse part de *pumpkin pie* à la purée de potiron, sucrée comme il se doit et bien trop rare à Paris !

Miss Marple

16, avenue de La Motte-Picquet, 7e • M° La-Tour-Maubourg
Tél. 01 45 50 14 27 • Ouvert tous les jours sauf lundi

Goûter de 7,50 € à 12 €, brunch 35 €

Facebook : Miss Marple Paris

A TEA WITH AGATHA • Des chandeliers, du velours, des toiles figurant des animaux : on est vraiment dans l'univers de la grande Agatha Christie. Il ne manque qu'Hercule Poirot chez Miss Marple. Et pourtant, gourmand comme il est décrit dans les romans, on l'imaginerait bien savourant d'exquis scones à la crème fraîche et confiture de framboises maison, une *incredible* tarte au citron, un fondant au chocolat ou des madeleines à grand renfort de rasades de thé fumé. À l'heure du brunch, plus de réserve britannique qui tienne ! Les mouillettes fourragent les œufs à la coque bios, les pancakes se noient sous le sirop d'érable, le bacon donne du moelleux aux toasts parfaitement grillés et le café coule à flots, tout comme les jus de fruits pressés minute...

La Bibliothèque Pâtissière (Sofitel Paris le Faubourg)

Sofitel Paris Le Faubourg • 15, rue Boissy-d'Anglas, 8e • M° Concorde ou Madeleine
Tél. 01 44 94 14 14 • Ouvert aux heures du restaurant
ou en dégustation toute la journée au bar

Gâteau à partir de 14 €

sofitel-paris-lefaubourg.com

DESSERTS COUTURE • C'est au sein d'un bel hôtel au cœur du Triangle d'Or que le chef étoilé Yannick Alléno a choisi d'implanter une pâtisserie. Au cœur même de la salle à manger chic et couture de l'hôtel, se dresse donc un bar à desserts nouvelle génération qui fait craquer les touristes. On choisit l'un des best-sellers exposés en vitrine, comme les chouquettes à la fraise, le paris-brest, le saint-honoré, le millefeuille à la pistache, et on le pare de "toppings" tous plus tentants les uns que les autres : rocher chocolat, guimauve, pépites, pâtes de fruits, glace au fromage blanc et copeaux de chocolat noir. Certaines pâtisseries ne dépassant pas les cent calories, on aurait tort de ne pas en goûter plusieurs – sur la terrasse, certainement l'une des plus secrètes de Paris.

Le 68 – Guy Martin

68, avenue des Champs-Élysées, 8e • M° George-V
Tél. 01 45 62 54 10 • Ouvert tous les jours

Gâteau à partir de 6 €

le68guymartin.com

DES FRAGRANCES SUBTILES • Thierry Wasser, parfumeur de la maison Guerlain, et le chef Guy Martin se sont tout de suite compris. En dépit des différences de leurs univers, le goût des beaux produits, de l'excellence, de l'authenticité les a rapprochés. Pour sa carte de desserts, Guy Martin s'est inspiré des fragrances chères à Guerlain (jasmin, bergamote, vanille et rose). Le salon de thé au décor raffiné et chic est un véritable lieu de tentation. Sablé aux framboises et aux pistaches, cheesecake ananas, passion et citron vert, cakes aux fruits confits, pain d'épices et pâtes de fruits accompagnent des thés qui portent le nom des plus célèbres parfums de la grande maison. Ainsi de l'incomparable Shalimar aux arômes de vanille, cardamome et bergamote, ou de La Petite Robe noire, thé noir indien aux fruits rouges et aux mille épices.

NoLita

1, avenue Matignon, 8e • M° Franklin-D.-Roosevelt
Tél. 01 53 75 78 78 • Ouvert tous les jours • Brunch le dimanche de 11h30 à 16h

Brunch 39 €

nolitaparis.fr

LA CLASSE ITALIENNE • C'est dans la tour de verre du Motor Village Fiat que le chef du NoLita, Vittorio Beltramelli, Italien attaché à faire connaître toute la richesse gastronomique des provinces de la Botte, dresse tous les dimanches son gargantuesque buffet. Mozzarellas tressées, *burrata* d'Andria, *parmigiano reggiano*, gorgonzola ou pecorino subtil, les fromages font tourner la tête... À suivre ? Des artichauts à la romaine, un carpaccio de poulpes, et des dizaines d'autres antipasti colorés et tout frais. Encore faim ? À vous la belle tranche de rôti de veau en croûte bien dorée, les risottos crémeux, la *focaccia*... Mais ne vous laissez pas trop vite séduire par cette débauche, sous peine de devoir renoncer – et ce serait dommage – aux douceurs : tiramisu, *panettone*, tarte aux noix ou cake aux agrumes. L'une des meilleures adresses des Champs-Élysées.

LES GRANDS CLASSIQUES

On connaît tous ces grandes institutions parisiennes, mais il est toujours plaisant d'aller s'y régaler, dans leur décor plein de charme.

Mondialement célèbre, la maison **Ladurée** existe depuis 1862, et sa recette de macarons n'a pas changé depuis lors. Ces deux petites coques garnies de ganache sont désormais des incontournables de la pâtisserie française. On savoure en connaisseur les classiques au caramel à la fleur de sel, aux pétales de roses ou à la réglisse, et les saisonniers comme le macaron noix de coco, le tonka ou le cassis-violette. Néanmoins, l'offre de la maison ne s'arrête pas là. Il faut aller se poser dans leurs jolis salons de thé des Champs-Élysées ou de la place de la Madeleine pour (re)découvrir avec gourmandise le fameux Ispahan aux framboises, le cheesecake cassis-myrtilles ou la religieuse à la rose au glaçage délicat.

Proust et Coco Chanel y avaient leurs habitudes. **Angelina** et son décor Belle Époque ont traversé les années pour devenir mythiques. Qui n'a jamais trempé ses lèvres dans le fameux chocolat chaud, dit "l'Africain", passe à côté d'une expérience sensationnelle ! On accompagnera ce divin breuvage d'un mont-blanc, la pâtisserie star de la maison, ou du Paris-New York (un paris-brest revisité) garni de crème légère au praliné de noix de pécan, au cœur praliné croustillant.

Depuis 1854, **Mariage Frères** s'est imposé comme la maison de thés la plus connue de la capitale. Plus que de salons de thé, il s'agit de véritables "salons de dégustation". Eau purifiée, contrôle du temps d'infusion et de la température – ici, le thé c'est sacré. Marco Polo, Buddha Bleu aux notes florales ou Christmas Tea s'apprécient dans des salles parées de mobilier ancien. Vos *cups of tea* seront bien meilleures agrémentées de financiers au thé vert matcha, de macarons Earl Grey, à moins que vous ne craquiez pour le pain d'épices au thé ou les gros marrons glacés en fin d'année. Mais le *must* est de se diriger vers le chariot de pâtisseries où cannelés, scones, cakes marbrés, chiboustss, muffins et madeleines vous font de l'œil.

> LADURÉE

Gâteau à partir de 6,70 €
Toutes les adresses sur le site :
laduree.com

> ANGELINA

Gâteau à partir de 7,30 €
Toutes les adresses sur le site :
angelina-paris.fr

> MARIAGE FRÈRES

Tea time 20 €
Toutes les adresses sur le site :
mariagefreres.com

Buvette Gastrothèque

28, rue Henry-Monnier, 9e • M° Saint-Georges
Tél. 01 44 63 41 71 • Brunch à toute heure, tous les jours , sans réservation

Gâteau à partir de 4 €, brunch à la carte 30 €

paris.ilovebuvette.com

COMME DANS UN FILM DE WOODY ALLEN • Jody Williams nous vient directement de Greenwich Village, et on s'y croirait presque tant sa buvette rappelle le New York bohème de nos rêves avec son grand comptoir en marbre, ses briques grattées, les pierres apparentes aux murs et les mignonnes chaises d'écoliers. À toute heure, tarte tatin, cakes, muffins, cheesecakes sont à déguster sur fond jazzy, accompagnés d'un petit noir provenant de L'Arbre à Café. Le week-end, pour le brunch, on arrive tôt, et comme on est content d'avoir eu une place, on essaie les suggestions les plus variées... le coq au vin, les *eggs muffins*, la brandade, les tartines, le granola et les scones, la salade de poulpe, les œufs brouillés et, surtout, le pain perdu ou le fondant au chocolat (un *must* absolu).

Grand Pigalle Hôtel

29, rue Victor-Massé, 9e • M° Pigalle
Tél. 01 85 73 12 00 • Brunch samedi et dimanche

Brunch 35 €

grandpigalle.com

LE "B.B." (BRUNCH-BUFFET) DE SOPI • Situé en face de l'avenue Frochot, où a vécu Toulouse-Lautrec, l'établissement est bien dans la mouvance SoPi : élégant, bobo, chic. À la tête de l'hôtel, on retrouve l'Experimental Group, qui a confié la déco au talent de Dorothée Meilichzon (oui, encore elle !). Tous les week-ends, on brunche au salon. Sur l'immense comptoir, le buffet de toutes les tentations expose fruits entiers, granola maison, cake à la noisette, gâteau au chocolat, plateau de fromages du 38 Saint-Louis, viennoiseries tièdes et jambon à la truffe. Difficile d'y résister avant d'attaquer le plat : croque, burger ou *avocado toast*. C'est bon, à volonté, et on recommande un cappuccino rien que pour le plaisir de se prélasser plus longtemps dans les gros canapés capitonnés.

La Crème de Paris

4, rue du Faubourg-Montmartre, 9e • M° Grands-Boulevards
Tél. 01 48 24 89 50 • Ouvert tous les jours

Menu gaufre 10 €

Facebook : La Crème De Paris

GAUFRE SUPERSTAR • Cocorico ! La meilleure gaufre du monde n'est pas à Bruxelles mais bel et bien à Paris, sur les Grands Boulevards. La pâte est légère, dense mais moelleuse, la gaufre joliment dorée et alvéolée – et cuisinée sans gluten en plus, comme ça tout le monde est content. Ici on peut la déguster salée, garnie de saumon gratiné au cheddar ou d'œufs brouillés et jambon. Mais le *must* reste de la recouvrir complètement (jusqu'à la faire disparaître) de bananes, glace à la fraise et avalanche de chantilly. On la mange sur le pouce, installés sur les tabourets devant le comptoir ou au fond de la salle tendance bistrot à l'ancienne. Mais contentez-vous des gaufres, elles sont meilleures que les crêpes de la maison...

Marlette

51, rue des Martyrs, 9e • M° Saint-Georges ou Pigalle
Tél. 01 48 74 89 73 • Ouvert tous les jours sauf lundi

Gâteau à partir de 3 €, brunch 25 €

Autre adresse sur le site
cafemarlette.fr

GIRL POWER ! • Scarlette et Margot ont inventé ces fameuses préparations bios pour gâteaux, pains et pâtisseries qui suscitent un véritable engouement depuis leurs débuts. Ces filles en or ont maintenant LEUR adresse, où pierres apparentes et coussins épais encouragent la gourmandise et invitent à la détente totale. On retrouve bien sûr toutes leurs recettes de financiers, muffins, fondants et cookies, mais aussi une petite offre de restauration bien pensée : velouté du potager, salades, rillettes et vins bios. Le brunch, aux recettes raffinées et à base de bons produits (fromage frais, jambon Prince de Paris, compotes, granola, cafés de la maison Coutume, thés Løv Organic, fromages et beurres de chez Beillevaire), est vraiment au top !

M & P

57, rue Rodier, 9e • M° Anvers
Tél. 01 77 13 55 57 • Brunch le dimanche de 11h30 à 15h30

Brunch 26 €, 30 € avec un verre de Prosecco

merguezandpastrami.com

BON COMME LÀ-BAS, DIS ! • Voici le royaume des merguez, du pastrami et des boulettes maison. Pour le brunch dominical, on se réchauffe le gosier avec un café américain ou un *latte*. On enchaîne sur une citronnade avant de découvrir la première merveille du repas : le *bombolone*, un beignet au sucre préparé rien que pour vous. Pas fana de beignets ? Optez pour le pain perdu plein de beurre ou le gâteau de fromage blanc – à ne pas confondre avec le cheesecake. Pour la suite, on l'a compris, ce sont les merguez élaborées sur place puis cuites au grill, ou la fameuse poitrine de bœuf fumée et ses pommes charlotte rôties au beurre. À tester aussi : la ratatouille compotée et les falafels. Service super sympa et *kids friendly*.

Simone Lemon

30, rue Le Peletier, 9e • M° Le-Peletier
Tél. 01 48 00 97 50 • Brunch le dimanche de 11h30 à 15h30 en 2 services

Brunch 27 €

simonelemon.com

HOME MADE ET LOCAVORE • Chez Simone Lemon, on récupère des fruits et les légumes "moches" auprès de petits producteurs locaux d'Île-de-France, avant de les préparer avec soin, générosité et dans le respect des saisons. Amateurs de charcuterie, filles au régime, intolérants au lactose ou au gluten, becs sucrés, à chacun son brunch ! On fera son choix entre les œufs brouillés au comté et au thym, les pancakes bien chauds, les toasts saumon-guacamole, la salade de penne, maïs et roquette, les mini-chipolatas, les *frittate*, le bacon croustillant... Gros coup de cœur pour les boulettes aux graines de sésame et à la coriandre !

Soucoupe

33, rue du Faubourg-Poissonnière, 9e • M° Bonne-Nouvelle
Tél. 01 48 00 93 64 • Ouvert du lundi au vendredi de 8h30 à 17h

Gâteau à partir de 4 €

Facebook : Café Soucoupe

LE COCON DU FAUBOURG • C'est une jolie cantine douillette où les banquettes disparaissent sous de nombreux coussins et dont la salle donne sur une cour intérieure arborée. On s'y sent bien d'emblée, d'autant qu'une bonne odeur de gâteaux sortant du four envahit les lieux tous les après-midi. À l'heure du goûter, les cookies refroidissent sous leur cloche de verre, les muffins noisettes ou chocolat au lait se font démouler et les pépites de chocolat du cake moelleux finissent de fondre. Pour les plus sages, granola et salades de fruits sont aussi à la carte. Mais on ne vient pas là pour ça !

Supernature

12, rue de Trévise, 9e • M° Grands-Boulevards
Tél. 01 47 70 21 03 • Brunch le dimanche

Brunch 24 €

super-nature.fr

TOUT BIO, TOUT BON • On ne va pas ajouter “biologique” après chaque ingrédient listé, car ici tout l'est ! On vient donc se faire du bien tout en se régalant, car les chefs de Supernature ont réussi ce pari. Au menu du brunch nature, un œuf cocotte au *cream cheese,* avec guacamole, comté et jambon, un gratin de patates douces et de courges et une galette de goumeau (mélange de crème fraîche, d'œuf et de sucre) à la fleur d'oranger. Le brunch détox débute par un jus de pamplemousse et citron pour rincer le palais, se poursuit avec un yaourt de soja, une galette de céréales, du chèvre aux figues sèches et une autre galette de goumeau. Monsieur fait grise mine ? Il pourra prendre le cheeseburger, garni de bœuf, cheddar, fromage blanc aux herbes et germes alfalfa, accompagné d'un gratin de patates douces qui remplacent les frites. Naturellement, tout cela s'agrémente d'un café ou d'un thé, de pain, brioche, confiture et miel.

Épicerie Musicale

55 bis, quai de Valmy, 10e • M° Goncourt ou République
Tél. 07 51 65 38 02 • Brunch samedi et dimanche de 12h à 15h30

Brunch 27 €

epiceriemusicale.com

SANS FAUSSE NOTE • L'Épicerie Musicale a un credo : "Nous préparons nos plats et nos planches avec amour, et nous, l'amour, nous le faisons doucement." Chouette programme ! Les mélomanes sont vernis : la maison compte plus de quatre mille vinyles en stock. Les amoureux de la cuisine transalpine aussi : à l'heure du brunch, cette trattoria-épicerie fine met les petits plats dans les grands. On y mange, le week-end, gnocchis artisanaux, *focaccia* à l'huile d'olive, fromages à gogo, divine charcuterie avec *pancetta*, speck et suggestions rares dans Paris, comme le *nduja di Spilinga* (saucisson mou et piquant) ou le *guanciale* bien gras, parfait dans les carbonara. Les vins italiens et l'accent calabrais de vos hôtes achèveront de vous charmer.

Holybelly

19, rue Lucien-Sampaix, 10e • M° Jacques-Bonsergent ou Château-d'Eau
Tél. 09 73 60 13 64 • Brunch à la carte samedi et dimanche de 10h à 17h, sans réservation • Fermé mardi et mercredi

Brunch 20 €

holybel.ly

COFFEE SHOP COSY • Ici le breakfast-lunch-brunch commence dès 10h, parfait donc pour les parents de jeunes bambins debout dès l'aube. Dans ce *coffee shop* tenu par des Frenchies qui ont séjourné à Melbourne, point de réservation. On vient donc tôt, on s'inscrit et on s'arme de patience, mini-*latte* ou cappuccino en main, avant que n'arrivent les *"pancakes, fried eggs, crispy bacon, Bourbon butter and maple syrup"* hyper-copieux et très frais. Avis aux amateurs, la maison sert également un porridge de riz noir au lait de coco et des accompagnements originaux avec les œufs : crottin de chèvre rôti, *baked beans* ou champignons au thym. Vous aurez de grandes chances de faire table commune dans une ambiance cosmopolite et cool.

Institut de Bonté

84, quai de Jemmapes, 10e • M° Jacques-Bonsergent ou République
Tél. 01 85 09 18 50 • Ouvert tous les jours de 8h à minuit

Gâteau 4,50 €, brunch 20 €

linstitutdebonte.com

LA CAMPAGNE AU BORD DU CANAL • C'est un petit bout de campagne à Paris, niché sur les bords du canal Saint-Martin, qui scintille encore avant de s'endormir pour l'hiver. Dans cette jolie maison toute de bois recouverte, on prône le bio et le naturel. Installés à la cool autour de l'une des grandes tables d'hôtes rustiques, on vient ici pour un brunch réconfortant et sans chichi. Tartines de pain frais gourmandes, salade César revisitée au poulet pané et oignons rouges, tarte aux fruits… on est comblé par la paisible authenticité du lieu. Ça fait un bien fou !

La Maison Bleue

7, place Franz-Liszt, 10ᵉ • M° Poissonnière ou Gare-de-l'Est
Tél. 01 44 65 01 80 • Brunch le dimanche à partir de 11h30, sans réservation

25 €, 30 € avec une coupe de champagne

lamaisonbleue.paris

VRAIMENT CHALEUREUSE • Ce charmant bistrot à la façade toute bleue propose une cuisine fraîche du marché de saison, et réalisée à partir de produits soigneusement sourcés. Dans une maison qui sent bon les vacances, on découvre un brunch classique avec boissons, pain, beurre, puis des œufs brouillés à la truffe, du pain perdu bien caramélisé et un mélange granola-fromage blanc fermier. On passe ensuite au "plat du dimanche", à savoir une brochette de poulet et ses légumes, le tout cuit à la braise, avant de finir le repas sur un crumble aux fruits de saison. L'équipe est adorable et l'endroit très grand : on peut donc y venir en bande.

La Passerelle

48 bis, quai de Jemmapes, 10e • M° Goncourt
Tél. 01 42 00 09 59 • Ouvert tous les jours sauf lundi

Café à partir de 2 €, gâteau à partir de 4 €

apasserelle-conceptstore.com

UN COFFEE SHOP PAS COMME LES AUTRES • Oubliez définitivement Starbucks et franchissez le canal Saint-Martin pour découvrir un *coffee shop concept store* original. Galerie, boutique, café : l'endroit est pluriel. Dans la boutique à l'esprit scandinave, on vient shopper quelques articles de déco *made in France*, du linge de maison éco-responsable, ou bien même étoffer sa garde-robe. Mais le shopping, ça creuse ! Alors on s'attable autour d'un café bio accompagné d'un gros gâteau maison, comme ce muffin géant qui semble crouler sous le chocolat. À chaque jour sa douceur : cookie, cheesecake, crumble aux fruits de saison… Cécile et Sven, les responsables, ont voulu un lieu accueillant et intimiste. On prolonge ainsi volontiers ces instants privilégiés, bien installés sur les coussins, en profitant du wifi gratuit et d'un espace de *coworking*. À La Passerelle, les réunions de travail se transforment vite en moment de plaisir. Et l'accueil est au top !

Le Poutch

13, rue Lucien-Sampaix, 10e • M° Jacques-Bonsergent ou République
Tél. 09 53 70 90 83 • Brunch le dimanche de 10h30 à 18h, sans réservation

Brunch 14,50 € ou 19 €

lepoutch.fr

GOOD VIBRATIONS • Tiens ! Revoilà la bande du Coutume Café (voir p. 53), fournisseur attitré de grains pour les espressos, *latte* ou cafés filtre délicieux. Le brunch se déroule le dimanche dès 10h30 (sans réservation, donc arrivez tôt). À la carte, une assiette garnie de *frittata* de saison (brocolis ou butternut), de patates douces rôties et d'une salade verte, puis un muffin salé petits pois-comté-lardons, un granola maison costaud avec banane et fromage blanc, des scones à la cranberry (original) ; le tout bien sûr servi avec une boisson chaude ou froide. Le point fort de la maison ? La possibilité de composer soi-même sa formule selon l'envie ou le budget du jour. Le personnel est avenant et les prix serrés. L'un des meilleurs rapports qualité-prix de Paris.

Pancake Sisters

3, rue Lucien-Sampaix, 10ᵉ • M° Jacques-Bonsergent ou République
Tél. 09 83 33 30 23 • Fermé lundi et mardi

Brunch en semaine 19,50 €, le week-end 23,50 €,
pancake 2,50 €, les 10 à emporter 12 €

pancakesisters.com

TOUT RONDS, TOUT BONS • Les *sisters* s'appellent Sonia et Karine et vouent une passion sans bornes aux pancakes. Elles les cuisent chaque jour par centaines, tantôt en version sucrée avec sirop d'érable ou pâte à tartiner bio, tantôt en version salée (renommée ici "*panster*") aromatisée aux graines de sésame ou au persil et garnie – à la manière d'un bagel – de crème à la ciboulette, de saumon, de chèvre frais... Le week-end, pendant le brunch, on découvre la version aux graines de pavot bleu, accompagnée de *cream cheese* maison au basilic, d'œufs brouillés bios, de jambon Serrano et de muesli avant d'enchaîner sur trois pancakes sucrés en dessert.

Papelli

74, rue du Faubourg-Saint-Denis, 10e • M° Château-d'Eau
Tél. 01 48 24 98 05 • Brunch le dimanche de 11h à 17h

Brunch 25 €

Facebook : Papelli Paris

LA JOLIE TRATTORIA QUE VOILÀ ! • Ici, la majorité des ingrédients viennent tout droit d'Italie et la pizza, servie à volonté, est travaillée et mise longtemps au repos pour être la plus fine et la plus digeste possible. Avant d'en déguster une part (Regina, *bresaola*, au jambon de Parme, à la truffe ?), il faudra absolument goûter les antipasti à partager, et notamment les fabuleux *panzerotti* de la maison. Ces petits chaussons bien dodus originaires de la région des Pouilles sont fourrés à la mozzarella et à la crème de truffe. En dessert, on teste la pannacotta au coulis de fruits rouges, le tiramisu classique ou noisettes et les petites roses Papelli : des pâtes roulées en forme de rose et garnies de Nutella et de banane. C'est extra !

Sol Semilla

23, rue des Vinaigriers, 10e • M° Jacques-Bonsergent
Tél. 01 42 01 03 44 • Brunch le dimanche de 12h à 16h

Brunch 20 €

sol-semilla.fr

DÉTOX AMAZONIENNE • Dans ce bar-resto-boutique à la déco super nature, la chef amazonienne Joelma Leitao s'inspire des recettes transmises par sa mère amérindienne. Elle utilise des produits bios équitables et des superaliments bourrés de vertus antioxydantes et énergisantes pour concocter, chaque dimanche, un brunch épatant. Celui-ci se compose d'une entrée – bouillon de légumes détox ou brochette de concombre et aloe vera – et d'une assiette du jour – salade, tofu mariné, compotée de légumes, céréales sans gluten, caviar d'açaï, noix de cajou, pépites de cacao, épices poêlées et un délicieux chili végétal. Côté desserts, mention spéciale pour le Bananaçaï, une crème de banane au lait de riz, aux noix de cajou et à l'açaï. Pour se faire du bien, sans renoncer au plaisir !

Yann Couvreur Pâtisserie

137, avenue Parmentier, 10e • M° Goncourt
Ouvert tous les jours sauf lundi

Gâteau à partir de 4,80 €

Facebook : Yann Couvreur

PÂTISSERIE HAUTE COUTURE • On l'a connu au Prince de Galles où il officiait aux côtés de Stéphanie Le Quellec, après avoir travaillé pour d'autres maisons prestigieuses comme le Trianon Palace ou le Burgundy. Puis Yann Couvreur a choisi le 10e arrondissement pour prendre son essor et établir son laboratoire-pâtisserie. On retrouve évidemment son œuvre-signature, le millefeuille composé de feuilles de kouign-amann, mais aussi un petit roulé à la praline rose, l'éclair moka-anis qui séduit même ceux qui n'aiment pas le café, et, en saison, le fraisier ou le saint-honoré framboise-menthe. Autre plaisir du lieu : s'installer à un mange-debout et commander un dessert "minute", comme cette aérienne pavlova dont on se souvient longtemps après.

Auberge Flora

44, boulevard Richard-Lenoir, 11ᵉ • M° Richard-Lenoir ou Bréguet-Sabin
Tél. 01 47 00 52 77 • Ouvert tous les jours, brunch le week-end et les jours fériés

Brunch 29 €

aubergeflora.fr

GÉNÉREUSE SANS COMPTER • Ouverte tous les jours du petit-déjeuner au souper, l'auberge de Flora Mikula se veut un lieu dédié à la gourmandise où chacun se sentirait comme chez lui. Le point fort de la maison : les tapas que l'on vient se partager en bande sur les tables d'hôtes et que l'on retrouve au brunch. La boisson à peine commandée, voilà l'arbre à tapas posé sur la table : caillette à la sauge, falafels, boulettes de chorizo, terrine de lapin, légumes grecs. En plat unique ce jour-là, une belle poulette fermière rôtie au thym et ses pommes de terre écrasées à l'huile d'olive. Puis la valse des tapas reprend pour le dessert, cette fois version sucrée : pudding, crème anglaise, pots de crème, fruits rôtis. C'est plein de saveurs et gorgé de soleil. Le sourire de Flora, lui, achèvera de vous réchauffer !

Ben's

19, rue du Faubourg-Saint-Antoine, 11e • M° Bastille
Tél. 01 43 41 35 14 • Ouvert tous les jours

Gâteau à partir de 3,50 €

bensparis.fr

BEST CARROT CAKE DU MONDE • Dans l'*American diner* stylé de Dan et Yoni, on ne sert que du bon à toute heure. Si les *buns* attirent les *burger maniacs*, les amateurs viennent pour le célèbre cheesecake de Rachel's (voir p. 32), mais surtout pour le sublime *carrot cake*, à la recette jalousement gardée secrète. Appareil moelleux enrichi de petits morceaux de carottes qui fondent dans la bouche, épais *cream cheese*, toppings de noix et de raisins secs : cette bombe calorique ferait renoncer quiconque au maillot de bain ! Plus "légers", les cookies, brownies et autres *American pies* n'en sont pas moins goûteux.

Clint

174, rue de la Roquette, 11e • M° Bastille
Tél. 09 81 60 17 36 • Brunch samedi et dimanche
de 11h à 15h30 (16h le dimanche)

Brunch 25 € à la carte environ

clint-restaurant.com

DÉGAINEZ VOS FOURCHETTES ! • Dans ce joli *coffee shop*-épicerie au carrelage graphique et au mobilier d'inspiration scandinave, on compose son brunch à son goût en piochant parmi des pancakes moelleux arrosés de sirop d'érable, des œufs à la coque bios et leurs mouillettes comme à la maison, ou façon Bénédicte avec leur formidable sauce hollandaise. On arrose le tout d'un épais chocolat chaud ou d'un café d'origine australienne au *latte art* très réussi. Sur le comptoir, enfermés sous leur grosse cloche de verre, attendent muffins, cookies et autres scones, à moins que vous ne leur préfériez les cheesecakes et *carrot cakes*, tous parfaits.

L'Artiste

153, rue de la Roquette, 11e • M° Philippe-Auguste
Tél. 01 43 79 96 19 • Brunch samedi et dimanche de 11h30 à 16h en 2 services

Brunch 24,50 €

restaurant-lartiste.fr

L'AVEYRON À L'HONNEUR • Lève-tôt, lève-tard, tout le monde a le droit à son brunch, car ici il est servi à 11h30 puis à 14h30, le temps de garnir à nouveau tous les plats, assiettes, verrines et plateaux du grand buffet à volonté. L'atout de la maison, c'est sa charcuterie aveyronnaise, dont une exquise saucisse de la région pour les amateurs. Salades de pâtes, taboulé, quiches en tous genres, œufs brouillés, blinis et saumon, grand plateau de fromages célébrant les régions françaises, viandes, ainsi qu'un stand de crêpes à garnir soi-même de sucre, de confiture ou de pâte à tartiner. Un peu plus loin, pancakes, muffins et autres cookies vous tendent les bras, mais aurez-vous encore assez d'appétit ?

Mokonuts

5, rue Saint-Bernard, 11e • M° Faidherbe-Chaligny
Tél. 09 80 81 82 85 • Ouvert tous les jours sauf samedi et dimanche

Gâteau à partir de 2 €

Facebook : Mokonuts

TOUT EN DÉLICATESSE • Dans ce lieu singulier, Omar Koreitem, d'origine libanaise, est aux fourneaux et propose des plats d'inspiration méditerranéenne, tandis que Moko Hirayama, d'origine japonaise, s'occupe de la pâtisserie. Si vous prenez place au comptoir, soyez sur vos gardes ! Les tentations y sont multiples : choux à la crème au café, cake aux noix de pécan ou amandes-clémentines, mais surtout de gros cookies moelleux, qui changent de l'ordinaire, comme celui aux olives noires confites, au chocolat blanc et aux amandes torréfiées. Tout cela s'arrose de cafés doublement fermentés du Rwanda fournis par L'Arbre à Café, LA référence parisienne.

Muscovado

1, rue Sedaine, 11e • M° Bastille
Tél. 01 77 16 31 32 • Ouvert tous les jours sauf lundi et mardi

Petit-déjeuner 13 €, gâteau à partir de 3 €, brunch à la carte 30 €

Facebook : Muscovado

POUR LES BONS APPÉTITS • Quina et Francine, deux sœurs d'origine philippine, s'amusent et nous régalent dans leur *coffee shop* aux accents rétros. Bien installés autour de la table d'hôtes, on attaquera avec un smoothie ou un incontournable *chaï latte,* avant de choisir entre les donuts, les beignets joufflus et des pâtisseries plus travaillées comme la Tarte muscovado à la cerise, la mousse caramel-figues ou le gâteau aux pommes et son *cream cheese* à la cannelle. En semaine, pas vraiment de brunch, mais un petit-déj amélioré comprenant un plat, un café et un donut. C'est le week-end que l'on sort l'artillerie lourde avec un *avocado toast,* un *breakfast burrito,* du pain perdu aux spéculoos et deux desserts à goûter absolument : le *cinnamon bun* et, aux beaux jours, le granité de crème de citron.

Sandy's Cupcakes

15, rue Léon-Frot, 11e • M° Charonne
Tél. 01 43 70 71 60 • Ouvert tous les jours sauf mardi

Cupcake à partir de 3,70 €, formule thé 7,90 €, brunch 17,90 €

sandys-cupcakes.com

SO GIRLY • Pâtissière de métier, Sandy voue une passion sans bornes aux cupcakes, ces petits gâteaux à la génoise moelleuse surmontée d'un topping de *cream cheese*, aussi pop et colorés que le décor de son salon de thé. Preuve de cette passion ? Les trente parfums sucrés ou salés, dont certains sont vraiment étonnants (coco, *piña colada*, violette, pomme d'amour, thé vert au jasmin, pistache, nutella-banane et même emmental-boursin ou olives-poivrons). Pour éviter l'overdose, vous essaierez peut-être un classique de la pâtisserie américaine comme ce fameux brownie au chocolat blanc Oreo. Et le week-end, c'est le brunch ! *Yummy !*

Blé Sucré

7, rue Antoine-Vollon, 12e • M° Ledru-Rollin
Tél. 01 43 40 77 73 • Ouvert tous les jours sauf lundi

Gâteau à partir de 3,50 €

PÂTISSERIES À TOMBER • C'est un ancien du Bristol, Fabrice Le Bourdat, qui a repris cette pâtisserie pour en faire un temple de la gourmandise pure et dure. Si certains traversent Paris pour goûter les croissants de la maison, il convient de s'arrêter un peu plus longuement sur les pâtisseries. Pour une dégustation sur place, on viendra aux beaux jours afin de s'installer en terrasse. Dans la jolie boutique située à une enjambée du square Trousseau, on découvre le baba au rhum bien équilibré du chef, ses éclairs fondants et ses cakes riches en beurre. Pourvu d'une dacquoise aux amandes agrémentée d'un croustillant au praliné, le Vollon est vite devenu la pâtisserie star du lieu, même si les compotes maison, comme la pêche-abricot, ou la tatin – constituée d'une pomme golden entière caramélisée délicatement posée sur un épais sablé breton – méritent également qu'on y perde la ligne.

Fil'O'Fromage

12, rue Neuve-Tolbiac, 13ᵉ • M° Bibliothèque-François-Mitterrand
Tél. 01 53 79 13 35 • Ouvert tous les jours sauf dimanche, brunch le samedi (sauf jours fériés)

Brunch 25,50 €

filofromage.com

ORGIAQUE ! • Avec ses fromages affinés à point en provenance de toutes les régions de France, ce restaurant, qui fait aussi épicerie fine et cave à vins, permet aux curieux de voyager sans quitter Paris. Après un café ou un chocolat chaud à l'ancienne, on enchaîne sur un jus de fruits, un œuf mollet, une salade suivie de LA dégustation régionale. Le plateau alsacien met à l'honneur le munster accompagné de saucisson de montagne, le basque présente une tomette de brebis, un ossau-iraty vieille réserve et du chorizo. Envie de plus de corps ? Filez dans les Hauts de France, où les boulettes de Cambrai, les maroilles et les crayeux envoient du lourd ! Pas chauvine, la maison fait également découvrir des fromages helvétiques, bruxellois et même... andalous ! Notez qu'elle propose par ailleurs des ateliers de dégustation.

Chez Bogato

7, rue Liancourt, 14e • M° Mouton-Duvernet ou Denfert-Rochereau
Tél. 01 40 47 03 51 • Ouvert tous les jours sauf dimanche et lundi

Petit gâteau à partir de 3,50 €, réalisations également sur mesure

chezbogato.fr

BEAUX ET RIGOLOS • Sucettes, porte-noms, guirlandes, pompons, pochettes-surprises, vaisselle, bougies, mini-sucres, emporte-pièces à tête de chat et tonnes de bonbons : ici, la pâtisserie se veut ludique et décalée. Et les gâteaux, loin d'être ronds ou carrés, adoptent des formes de sorcière ou de fantôme pour Halloween, de sapin ou de visage de Père Noël joufflu en fin d'année... On dégote même des "*sweetburgers*" chocolat, framboise et menthe. Oubliez votre indice glycémique et foncez sur les cookies recouverts de M&M's, les brownies en forme de domino, les gâteaux-Lego fourrés au caramel, les cupcakes, cheesecakes, tartelettes au carambar et autres choux...

Dominique Saibron

77, avenue du Général-Leclerc, 14ᵉ • M° Alésia
Tél. 01 43 35 01 07 • Brunch samedi et dimanche de 10h à 15h

Brunch 21 €

dominique-saibron.com

ON Y COURT, ON Y COURT • Depuis 2009, c'est la boulangerie phare du quartier d'Alésia, où bois blond, teintes chaudes et tables situées près du fournil invitent à la détente, dans une délicieuse odeur de croissants et autres brioches tout juste sorties du four. Le brunch du week-end est classique et de bonne facture : tartines de pain de la maison agrémentées de confiture d'abricot, viennoiseries, puis œufs brouillés accompagnés de saumon ou de jambon, salade César, et en dessert, par exemple, un gros clafoutis aux framboises. Excellent chocolat chaud bien épais en option…

Les Pipelettes

31, rue Brézin, 14e • M° Mouton-Duvernet

Tél. 09 81 29 27 32 • Brunch le samedi de 11h30 à 15h

Brunch 23,50 €

les-pipelettes.blogspot.com

GOURMANDISE D'ORIGINE CONTRÔLÉE • C'est dans une petite rue non loin de la mairie du 14e arrondissement et de Denfert-Rochereau que les deux jeunes femmes à l'origine de ce *concept store* vous reçoivent. Chez ces bavardes, tout donne confiance : les produits artisanaux et leur collaboration avec de petits producteurs. Le beurre vient de chez Bordier, les confitures de l'île de Ré (goûtez la citron-gingembre !), le tout à tartiner sur différents types de pains : complet, de mie, au sésame... À faire suivre d'un œuf à la coque, de granola, graines et fromage blanc, d'une tarte *veggie*, de charcuterie ou de délicieuses pommes de terre au thym.

PAR ICI LES BELLES BRETONNES !

Paris regorge de crêperies, on n'en compte pas moins d'une quinzaine rue du Montparnasse, le quartier historique des Bretons. Voici notre sélection.

La **Crêperie de Josselin**, restée dans son jus à grand renfort de boiseries, de bols de cidre exposés et de lits-clos, est certainement la plus tradi et la plus gourmande, puisque, pour chaque suggestion, c'est une "couple" (soit une double galette ou crêpe) qu'on vous apporte. La galette sent fort le sarrasin, la maison n'est pas chiche pour le beurre et les serveurs n'écarquillent pas les yeux si l'on réclame une bolée de lait ribot.

Granit, bois brut, ardoises, le concept de Bertrand Larcher fait des émules de l'autre côté de la Seine, en plein cœur du Marais. Au **Breizh Café**, les crêpes sont imbibées de beurre Bordier et se dégustent simplement saupoudrées de sucre roux, ou aux pommes flambées au calvados façon tatin. Elles se la jouent aussi gastronomique en se parant de mousse au chocolat blanc et de thé matcha, ou de pêche pochée, coulis de framboises et menthe fraîche. Ça vous a plu ? Rendez-vous à l'épicerie un peu plus loin dans la rue, vous pourrez faire le stock de confitures, sablés bretons et pâtes à tartiner pour vos prochaines soirées crêpes !

La dernière n'est pas une crêperie à proprement parler, mais plutôt un restaurant breton avec sa propre monnaie, le grouin, que l'on obtient en échangeant ses euros dans une machine. On vient l'après-midi à **La Pointe du Grouin** pour se relaxer ou travailler en profitant du wifi. Et pour se récompenser, on s'offre une part de far breton, un kouign-amann ultrabeurré ou un yaourt de la maison malouine Bordier. Quant à la bière, elle ne vous coûtera que deux grouins l'après-midi.

> CRÊPERIE DE JOSSELIN

67, rue du Montparnasse, 14e
M° Montparnasse ou Edgar-Quinet
Tél. 01 43 20 93 50 • Ouvert tous les jours, sans réservation
Crêpe à partir de 3 €
Facebook : La Crêperie de Josselin

> BREIZH CAFÉ

109, rue Vieille-du-Temple, 3e
M° Hôtel-de-Ville ou Rambuteau
Tél. 01 42 72 13 77 • Fermé lundi et mardi • Crêpe à partir de 5 €
breizhcafe.com

> LA POINTE DU GROUIN

8, rue de Belzunce, 10e • M° Poissonnière ou Gare-du-Nord • Ouvert tous les jours • Gâteau 4 €
lapointedugrouin.com

Une Mère Une Fille à Paris

43, boulevard Garibaldi, 15ᵉ • M° Ségur
Tél. 09 54 04 04 80 • Ouvert tous les jours sauf dimanche et lundi

Goûter 9,50 €

1mere1filleaparis.com

KIDS FRIENDLY • Caroline et Eugénie, mère et fille à la ville, sont parties d'un constat : dur, dur pour les mamans de trouver un café adapté aux enfants dans le 15ᵉ, qui est pourtant le plus grand arrondissement de Paris. Elles ont alors décidé de fonder leur lieu, où les petits seraient rois et où des rencontres avec des pédiatres, des sages-femmes et des psychologues seraient organisées régulièrement. Tandis que la marmaille crée des œuvres d'art sucrées, les mères se détendent, papotent entre elles, font du shopping (l'endroit regorge de vaisselle, bougeoirs, stickers, guirlandes…) et se régalent, car la maison est avant tout un merveilleux salon de thé. Fondant au chocolat, tartes aux fruits, pyramides de brownies, chouquettes : tous les gâteaux sont faits maison et les recettes changent souvent. Un super concept.

Wallace

90, rue Cambronne, 15e • M° Vaugirard ou Volontaires
Tél. 01 47 34 28 39 • Brunch le dimanche

Brunch 23 €

wallace-cafe.com

SAIN ET ORIGINAL • En 2014, lorsque Philippe et Nathalie reprennent la vieille brasserie-bar-tabac de la place du Général-Beuret, ils cherchent un nom, qu'ils veulent élégant et parisien. Puisqu'elle est située face à l'une des cinquante fontaines dont le collectionneur et philanthrope britannique Richard Wallace fit don à la ville à la fin du XIXe siècle, le nom est vite trouvé ! Tous les dimanches, le chef Pierre sort de ses cuisines œufs Bénédicte ou brouillés, *piadine* de légumes et salade, mini-douceurs inspirées de la carte des desserts, comme la tarte au chocolat pur Caraïbes, le cheesecake au citron vert, la crème de mangue au gingembre confit et, durant l'été, un rafraîchissant granité basilic-muscat de Lunel. Un repaire chaleureux dans un quartier où ceux-ci se font rares.

Aquarium de Paris

5, avenue Albert-de-Mun, 16e • M° Trocadéro
Tél. 01 40 69 23 23 • Brunch le dimanche de 12h à 14h, sur réservation

Brunch 23,90 €, brunch enfant 5,90 € et 15,90 €

cineaqua.com

À VOLONTÉ ! • C'est face à la tour Eiffel et à un bassin de huit mètres de haut (600 000 litres d'eau sont nécessaires pour le remplir !) que se tient le brunch dominical de l'Aquarium de Paris. Pendant que les plus jeunes profitent des animations ludiques et pédagogiques, les parents se restaurent au buffet. Boissons chaudes, assortiment de salades et des bentos au choix : le végétarien avec nouilles sautées aux légumes, fromage, pain, beurre, confiture, ou le traditionnel avec œufs brouillés, saucisses, fromage. Les fruits et légumes proviennent de l'agriculture raisonnée, les pâtisseries et viennoiseries sont réalisées sur place par le chef pâtissier. La foule des gourmands se presse autour du buffet, mais le ravitaillement est permanent, il y en aura pour tout le monde, c'est à volonté ! Et surtout, on n'entend pas les enfants, bien loin et très occupés à regarder les tortues et les poissons... Ouf !

Carette

4, place du Trocadéro-et-du 11-Novembre, 16e • M° Trocadéro
Tél. 01 47 27 98 85 • Ouvert tous les jours

Gâteaux à partir de 6 €, formule *tea time* 15 €, brunch 30 €

Autre adresse sur le site
carette-paris.fr

COMME UN AIR D'ANNÉES FOLLES • Cette institution qui date de 1927 a traversé les époques avec des valeurs : un service rigoureux, un accueil chaleureux et des recettes irréprochables. Il en faudra des visites chez Carette pour découvrir tous ses cakes, viennoiseries, palmiers, financiers, son fabuleux kouign-amann et, bien évidemment, ses merveilleux *finger sandwiches*, délicatement enveloppés de papier. Pour les curieux, la formule "Heure du thé" (boisson chaude et assiette de cinq mini-macarons ou cinq petits fours sucrés) est parfaite : elle leur donnera en particulier l'occasion de tester le Paris-Carette (un paris-brest à la crème noisette) ou le Délice aux framboises (macaron à la vanille garni de crème brûlée, de pistaches et de framboises fraîches). Une grande maison parisienne.

Le Poincaré

22, avenue Raymond-Poincaré, 16e • M° Trocadéro
Tél. 01 47 27 25 42 • Brunch le dimanche de 11h30 à 16h30

Brunch 25 €

poincarebistro.fr

BRUNCH EN TERRASSE • On passerait devant sans y prêter attention. Derrière cette banale devanture de bistrot de quartier se cachent deux amis d'enfance ayant le goût des bonnes choses (les mêmes ont ouvert La Maison Bleue, voir p. 71). Le brunch est à l'image de la carte : frais, bon, fait maison. Le plus ? Tout est servi en même temps, avec un plateau pour chacun. On est ainsi libre de manger dans l'ordre que l'on veut, le granola avant les œufs brouillés à la truffe, la salade César avant le pain perdu au caramel, le jus de légumes avec le pain au chocolat ; enfin, une petite salade de fraises à la menthe et un tiramisu extra riche au Nutella et aux spéculoos. L'endroit, à deux pas du Trocadéro, est pourvu d'une grande terrasse exposée en plein soleil.

Thé Cool

10, rue Jean-Bologne, 16e • M° Passy
Tél. 01 42 24 69 13 • Ouvert tous les jours sauf dimanche

Gâteau à partir de 7 €

thecool.fr

VOLUPTÉ BIEN COMPRISE • Bar en marbre, touches de jaune qui illuminent le bois blond scandinave, Sarah Lavoine a imaginé (et réussi !) le nouveau décor de ce classique du 16e. Goûter ici, oui, grossir, pas forcément, grâce à la starlette, un cheesecake nouvelle génération dépourvu de sucre et d'œuf. Mais on vient aussi chez Thé Cool pour le superbe comptoir à desserts garni de cakes aux pépites de chocolat, de tartes au citron hyper-meringuées et de tartes aux fruits de saison. Le thé, que l'on boit dans de jolis services en fonte, est bien infusé – la marque des maisons de qualité ! On comprend mieux pourquoi certaines célébrités en ont fait leur repaire gourmand...

UN TEA TIME DE LUXE

Décor fastueux, service soigné, ambiance feutrée… Ces tea time à réserver aux grandes occasions vous laisseront un souvenir inoubliable…

Au **Dali**, au cœur du grand hôtel Le Meurice, on savoure son thé sous une imposante toile tendue signée Ara Starck (oui, la fille de) dans un cadre magnifique. Le goûter débute par de jolis *finger sandwiches*, enchaîne sur les fameux scones de la maison agrémentés de *clotted cream*, avant que n'arrivent enfin les pâtisseries de Cédric Grolet, notamment le paris-brest et l'éclair citron-menthe, tout simplement extraordinaires.

Dans les 1200 m² du **Jardin Français** (au sein de l'hôtel Le Bristol) où fleurissent azalées et rhododendrons, les angelots de la Fontaine aux Amours veilleront sur votre *tea time* estival. Avec votre thé, bouchées salées, scones, muffins et dégustation, sous forme de petits fours, des *hits* du chef pâtissier Laurent Jeannin. Venez à deux, car ce "thé gourmand" est moins cher quand on le partage.

Calisson amande-orange, mont-blanc marron-cassis, tartelette au chocolat, cookie, financier, Figolu revisité, scone et *shortbread*, voilà quelques-unes des suggestions de l'*afternoon tea* 100% végane du restaurant **La Bauhinia** au sein de l'hôtel Shangri-La. Le chef Michael Bartocetti se démarque des autres puisqu'il met un point d'honneur à n'utiliser aucune protéine animale dans ses créations.

De mini-sandwichs salés et du thé issu d'un petit récoltant du Sri Lanka finiront de vous enchanter.

> LE DALI

Hôtel Le Meurice • 228, rue de Rivoli, 1er
M° Concorde • Tél. 01 44 58 10 44
Tea time tous les jours de 15h30 à 18h
Tea time 48 €
dorchestercollection.com/fr/paris/le-meurice

> LE JARDIN FRANÇAIS

Hôtel Le Bristol • 112, rue du Faubourg-Saint-Honoré, 8e • M° Miromesnil
Tél. 01 53 43 43 42 • *Tea time* tous les jours de 15h à 18h • *Tea time* 60 € par personne, 85 € pour 2
lebristolparis.com/fr/home

> LA BAUHINIA

Hôtel Shangri-La • 10, avenue d'Iéna, 16e • M° Iéna • Tél. 01 53 67 19 98
Tea time tous les jours • *Tea time* 39 €
shangri-la.com

Acide Macaron

24, rue des Moines, 17e • M° Brochant
Tél. 01 42 61 60 61 • Ouvert tous les jours sauf lundi

Brunch 20 €, gâteau à partir de 3,50 €

acidemacaron.com

DE SUPERBES CRÉATIONS • Passé par le Plaza Athénée, le Pavillon Ledoyen et Ladurée, Jonathan Blot a reçu une formation solide. Passionné par les macarons, le jeune homme ne s'y cantonne pas, mais s'intéresse à la pâtisserie en général et à la "modernité sucrée". Dans son salon de thé, des graffitis, des couleurs pop et acidulées et quelques pièces design. Pour son cheesecake, Jonathan prépare un sablé en deux cuissons, sur lequel il dépose un confit de fruit de la passion et une mousse à la ricotta. Pour sa tartelette choco-noisettes, le pâtissier travaille avec du chocolat du Vietnam, un biscuit cacao et une mousse à la noisette relevés d'une pointe de fleur de sel. Le brunch comporte des boissons chaudes et froides, quelques jolies viennoiseries, un œuf parfait et sa polenta, une *focaccia* au butternut, une mousse au chocolat ou l'un des desserts à la carte (moyennant un supplément de 5 €). L'ensemble pour un excellent rapport qualité-prix.

Hyatt Regency Paris Étoile

3, place du Général-Kœnig, 17e • M° Porte-Maillot
Tél. 01 40 68 12 34 • Brunch le dimanche

Brunch 39 €

parisetoile.regency.hyatt.com

DIGNE DE GARGANTUA • Il y a peu de raisons de passer son dimanche aux alentours du palais des Congrès, si ce n'est le brunch gargantuesque du Hyatt. Car il vaut le détour, avec ses bars à jus frais et à salades, son assortiment de charcuteries de toutes les provinces françaises, son plateau de fromages, ses viennoiseries par centaines, mais aussi pour les stands chauds où l'on fait le plein son assiette d'œufs brouillés, de galettes de pommes de terre, de saumon, de saucisses ou de crevettes. Et pour les plus enthousiastes, un plat du jour, servi sur assiette... Retour au buffet, cette fois pour les desserts : tiramisu, babas en tous genres, petits pots de crème, salades de fruits... et ces grands bocaux en verre qui, partout, exhibent cookies, macarons, sablés et brownies. Vous l'aurez compris, mieux vaut jeûner avant de venir !

La Famiglia

2, rue Waldeck-Rousseau, 17e • M° Porte-Maillot
Tél. 01 45 74 20 28 • Brunch le dimanche

Brunch 39 €

UNE MAMMA QUI CHOUCHOUTE SES CLIENTS • Elle a confectionné ses guimauves et pâtes de fruits la veille chez elle, et s'est levée à 5h en ce dimanche matin pour préparer toutes les *paste* à la main. Sans parler des multiples tartes, choux, pizzas, du pesto et des boulettes de viande parfumées au basilic. Dans cette salle à manger bourgeoise, le buffet en jette, incontestablement. La pizza extra fine attend dans le petit four, la charcuterie nous fait de l'œil... Tout mérite d'être goûté, mais il faut garder un peu d'appétit pour la star de la maison : la fameuse *pasqualina*, une base de pâte feuilletée, une pâte à pizza sur le dessus qui emprisonne des aubergines et des asperges fondantes gratinées au parmesan. Par gourmandise, on s'attaquera au buffet des mille desserts : fruits, cakes, tartes, crèmes. Tout, absolument tout, est fait maison. Épatant !

Bululu Arepera

20, rue de la Fontaine-du-But, 18e • M° Lamarck-Caulaincourt
Tél. 01 42 54 96 25 • Ouvert tous les jours sauf lundi et mardi, brunch le dimanche

Brunch 25 €

Facebook : Bululu Arepera

UN BOUT DE VENEZUELA • La basilique de Montmartre en toile de fond, des ruelles escarpées, l'escalier double qui encadre la station Lamarck... Que c'est joli du côté de Bululu ! Comme au Venezuela, on y mange toutes sortes d'*arepas*, de petites galettes à la farine de maïs, à garnir comme un sandwich. Venez tôt (l'endroit a du succès), pour goûter au *guasacaca* (guacamole local), aux *arepas pelua* à la viande de bœuf et à l'edam, au *domino* (haricots noirs au fromage vénézuélien). Notre préféré ? Le *carupanera*, un plat roboratif en diable composé de saucisse au couteau, de *pickles* d'oignons rouges, d'avocat et de banane plantain... Le tout à accompagner d'un jus de citron vert au sucre de canne ou d'un rhum vieux. Soyez prudent en redescendant les escaliers de la Butte !

Hardware Société

10, rue Lamarck, 18e • M° Abbesses
Tél. 01 42 51 69 03 • Brunch tous les jours

Brunch 35 € à la carte environ

Facebook : Hardware Société

AUSTRALO-PARIGOT • En arrivant de Melbourne, les Australiens du Hardware ont posé leurs valises dans un bel endroit clair et traversant, donnant sur les toits de Paris. Un décor de rêve ! Le lieu ayant le succès qu'il mérite, venez plutôt en semaine pour manger dans le calme et à la carte. Boudin noir, saumon fumé, langouste, œufs Bénédicte, pain perdu, muesli, œufs cocotte aux asperges, salades pleines de graines, ricotta à la truffe : tout est bon. Gros coup de cœur pour "la planche sucrée", composée de riz au lait, de churros et de confiture de lait. La vitrine de gâteaux, quant à elle, laisse rêveur : comment choisir sans se trahir entre ce *mandarine cake* généreux et son *cream cheese* et le brownie ultrachocolaté ?

Hôtel Particulier Montmartre

23, avenue Junot, pavillon D, 18e • M° Lamarck-Caulaincourt
Tél. 01 53 41 81 40 • Brunch le dimanche, sur réservation

Brunch 38 €, 48 € avec une coupe

hotel-particulier-montmartre.com

UN CHARME FOU • Perdu au milieu de Montmartre et noyé dans la végétation, cet hôtel particulier de style Directoire propose un brunch chaque week-end dans ses salons, ou dans son jardin si le temps le permet. Jus de fruits pressés à la commande, viennoiseries fondantes servies tièdes, boissons chaudes à volonté, pancakes maison agrémentés de sirop d'érable... La suite se veut bistronomique avec un velouté carotte et gingembre crème légère à l'orange, puis une joue de bœuf façon bourguignon. Il est indispensable de réserver, parfois des semaines à l'avance, mais le jeu en vaut la chandelle.

La Goutte d'Or Pâtisserie

183, rue Marcadet, 18e • M° Lamarck-Caulaincourt
Tél. 07 60 35 10 13 • Ouvert tous les jours sauf lundi

Gâteau à partir de 4,50 €

Facebook : Yann Menguy

PÂTISSERIES CANONS DANS COFFEE SHOP COOL • Ils se sont rencontrés pendant le tournage de l'émission "Qui sera le prochain grand pâtissier ?". Christophe Michalak, impressionné par la précision et l'originalité de Yann Menguy, lui donnait alors l'opportunité d'animer quelques ateliers au sein de la Michalak Masterclass. Et puis un jour, le pâtissier tatoué a sauté le pas en ouvrant sa propre boutique. L'influence dans la déco est new-yorkaise : béton ciré, miroirs chinés, un labo ouvert pour un maximum de transparence et une chouette bande-son. On se sent à l'aise comme dans un *coffee shop* tout en savourant des pâtisseries très haut de gamme, notamment Le Miel, un entremets composé de mousse au fromage blanc, d'une compotée de miel, de banane et de citron vert pour la fraîcheur, ou une tarte fameuse à la vanille fumée et aux noix de pécan.

Le Bistrot de la Galette

102 ter, rue Lepic, 18e • M° Blanche ou Pigalle
Tél. 01 46 06 19 65 • Goûter vendredi, samedi et dimanche de 15h à 18h

Brunch : samedi et dimanche de 11h à 16h

Brunch 29 €

bistrotdelagalette.fr

100 % PARIS • On adore ce bistrot au décor parigot (carreaux de ciments rouges et blancs récupérés dans une ancienne usine, banquettes en cuir rouge chiné, bar en bois) perché en haut de la butte Montmartre. À l'heure du goûter et du brunch, on s'y régale des petits trésors de la Compagnie Générale de Biscuiterie, un atelier tout proche, où sont confectionnées des merveilles sucrées baptisées du nom de "vedettes du Cancan". Notre préférée ? La Goulue, un biscuit feuilleté bien dodu en version sucrée, parsemé d'éclats de noisettes grillées, de pistaches, ou simplement caramélisé, et en version salée, au comté, poivre, sel et sésame. On l'accompagnera d'un jus de fruits frais ou d'un chocolat onctueux et fort en goût. Au menu du brunch : brouillades et galettes variées. La Parisienne, à la palette de cochon et de comté, est à la fois fine et nourrissante. Un puits d'amour avant de redescendre vers la place Blanche, et vous voilà heureux !

Les Inséparables

12, rue Francœur, 18e • M° Lamarck-Caulaincourt
Tél. 01 42 55 42 41 • Brunch samedi et dimanche de 11h à 15h30

Brunch 24 €

Facebook : Les Inséparables

ROUCOULER AU PIED DE LA BUTTE • Les "inséparables" Frédéric et Blandine ne se quittent jamais. Dans leur joli décor "à la scandinave" (bois clair et lignes épurées), tout est frais et préparé sur place. En terrasse ou à l'intérieur, on profite des boissons chaudes à volonté (un bon point !) avant d'entamer la partie sucrée du brunch, composée de fromage blanc au muesli et au miel, d'une corbeille de pain bien garnie et de quelques viennoiseries. Un autre café américain ou un deuxième chocolat chaud et l'on passe au salé : œufs brouillés, saumon gravlax et ses chips de pain de campagne, ou un muffin grillé, une épaule de porc confite et cuite à basse température pendant des heures. En dessert, pour les enragés qui auraient encore un petit creux, trois pancakes fondants et tout chauds vous seront servis.

Les Petites Gouttes

12, esplanade Nathalie-Sarraute, 18e • M° La-Chapelle
Tél. 01 42 05 20 83 • Ouvert tous les jours jusqu'à 2h du matin
Brunch à 11h30 ou 13h30

Brunch à volonté 27 €, enfant 13 €

lespetitesgouttes.com

UNE TERRASSE COMME À BERLIN • La halle Pajol est un ovni bienvenu dans ce quartier de la Chapelle pas toujours très engageant. Cette ancienne plateforme de chargement de colis postaux a été réhabilitée en 2013 et abrite désormais une auberge de jeunesse, quelques boutiques *hype*, un jardin sur les voies ferrées très “berlinois”, et le restaurant Les Petites Gouttes, dont la terrasse ensoleillée est le spot idéal pour un brunch estival. Au menu : tortillas et *quesadillas*, plats mijotés, pommes grenailles, salade, charcuterie, fromage. Côté sucré, que des valeurs sûres : fondant au chocolat, cheesecake, crêpes, fromage blanc, fruits frais et muffins. Au cœur de l'hiver, les canapés vintage et les tables espacées sont hautement recommandables pour lézarder dans un décor cosy. Et l'accueil est parfait !

Ma Biche

12, rue Véron, 18e • M° Abbesses
Tél. 01 42 58 22 20 • Brunch le samedi de 12h à 14h et le dimanche de 12h à 15h

Brunch 23 €

mabiche-restaurant.com

DU PAYSAN À L'ASSIETTE • "Un paysan dans ton assiette, te voilà bien dans tes baskets" : le slogan de la maison qui en dit déjà long sur l'humour de l'équipe et son programme culinaire. On dirait la salle à manger d'une vieille maison de campagne avec parquet, horloges qui font coucou, abat-jour de guingois et cornes d'animaux empaillés aux murs. Le brunch commence par un café péruvien ou un chocolat chaud aux graines de cacao bio équatorien, et – pour se détoxifier le foie – un cocktail orange-gingembre-pastèque. Il se poursuit avec le pain d'épices de la maison ou un gâteau au chocolat bio, des œufs brouillés recouverts de copeaux d'amandes, un saumon gravlax ou un risotto aux légumes. Mais il faut à tout prix goûter la fabuleuse saucisse fermière de l'Aveyron accompagnée d'une purée qui fait retomber en enfance. La semaine suivante, on pourra tenter la formule drunch (lunch + drink) servie de 16h30 à 21h45 : parfait pour les fêtards/lève-tard !

Marcel

1, villa Léandre, 18e • M° Lamarck-Caulaincourt ou Abbesses
Tél. 01 46 06 04 04 • Brunch samedi et dimanche de 10h à 19h, goûter tous les jours

Brunch 30 € à la carte environ, goûter 10 €

Autres adresses sur le site
restaurantmarcel.fr

MIEUX QU'À LONDRES OU À NEW YORK • La perfide Albion a du bon ! Et la cuisine *british* aussi. Chez Marcel, presque toutes les suggestions sont en anglais et le brunch est servi en continu et à la carte. Les œufs Bénédicte font de la concurrence à la salade Meatball avec sucrine, boulgour, boulettes épicées, grenades et fromage blanc aux herbes, ou à la Kale, à base de chou du même nom, très prisé des New-Yorkaises. On enchaîne ensuite non sans gourmandise (certains ne viennent d'ailleurs que pour ça !) avec une *key lime pie* (tarte au citron vert), un cheesecake et son coulis de framboise, un fabuleux *carrot cake* ou la fameuse *apple pie* de la maison servie avec de la crème fraîche. *Delicious !*

Pain Pain

88, rue des Martyrs, 18e • M° Abbesses
Tél. 01 42 23 62 81 • Ouvert tous les jours sauf lundi

Gâteau à partir de 3,45 €

pain-pain.fr

À SE DAMNER ! • Sébastien Mauvieux, lauréat de la meilleure baguette de Paris en 2012, sait choisir les bons producteurs pour lui fournir sa farine (les Moulins Bourgeois en Seine-et-Marne), son beurre AOC des Charentes, son chocolat (Valrhona) et ses fruits frais de saison. Dans la petite salle aux huit places, on pourra dévorer quelques éclairs au caramel ou aux spéculoos, une tartelette poire-pamplemousse, un carré choco à la feuillantine croustillante ou un crumble cerise-pistache-pomme. Mais les deux spécialités de Sébastien sont le Zéphyr, un financier noisette-framboise et sa chantilly au chocolat blanc infusée dans un jus de citron vert, et le Chicago, un biscuit archimoelleux au chocolat façon brownie et sa chantilly à la noix de pécan. N'oubliez pas votre baguette ou votre pain de mie en sortant, car ceux-ci sont meilleurs que des gâteaux !

Terrass' Hotel

12-14, rue Joseph-de-Maistre, 18e • M° Place-de-Clichy
Tél. 01 46 06 72 85 • Brunch de 12h à 14h30

Brunch 39 €

terrass-hotel.com

PANORAMIQUE • Ne cherchez plus : la plus belle vue sur Paris est ici ! Mais elle se mérite, car, si vous êtes allergique aux ascenseurs, il vous faudra gravir les cent vingt-sept marches du Terrass' Hotel pour accéder au restaurant situé au septième étage. On peut désormais profiter à nouveau de l'incroyable *rooftop* de cet hôtel montmartrois construit en 1911, qui a bénéficié d'un élégant lifting en 2015. À l'heure du brunch, rien de très original côté menu (viennoiseries, pâtisseries, muesli, fruits, charcuterie, bacon, saucisses, œufs brouillés, poissons fumés, salade, poisson et viande du jour, légumes)... On viendra plutôt pour le plaisir des yeux, un jour de beau temps (attention, pas de réservation en terrasse).

Cafézoïde

92 bis, quai de la Loire, 19e • M° Ourcq
Tél. 01 42 38 26 37 • Ouvert du mercredi au dimanche

Participation aux frais 3 €, café 1,50 €, grignotage 2 €

cafezoide.asso.fr

GÂTEAUX ET DÉCOUVERTES • Ce “café culturel”, le premier du genre à Paris, a été pensé pour les bébés, les petits et les ados. La journée débute par un éveil musical, puis se poursuit avec des cours de danse, d’équilibre, de yoga, d’arts plastiques, de théâtre, et l’atelier “N’importe quoi” animé par Danielle les jeudis après-midi. Attention, il y a un code d’honneur : on ne crie pas, on ne dit pas de gros mots, on respecte ses camarades et on enlève ses chaussures avant d’entrer dans les espaces d’animation. Pendant que la marmaille s’occupe, les parents prennent le temps de vivre autour d’une boisson chaude, d’une crêpe ou d’une gaufre, et peuvent eux-mêmes participer le week-end aux ateliers “Les Parlottes”, encadrés par des éducateurs et des psychologues. Un moment d’équilibre parfait...

Cream

50, rue de Belleville, 20e • M° Belleville
Tél. 09 83 66 58 43 • Ouvert tous les jours

Soupe à partir de 5,50 €, *piadina* 6 €

Facebook : Cream

SANS CHICHIS • On se croirait un peu dans *Friends* à l'intérieur de ce café où une ribambelle d'habitués s'empresse de venir déguster les espressos, les cafés *latte* et les cafés crème des baristas, Max et Joe, deux anciens de chez Ten Belles. Les grains proviennent d'ailleurs de la Brûlerie de Belleville toute proche. En cuisine, on a opté pour de la restauration rapide mais de qualité : soupes de légumes, sandwichs, *piadine,* ces en-cas italiens toastés garnis de jambon de pays, légumes grillés et moutarde ou de chèvre, betterave et pommes. Avec le fameux Cream de la maison, on goûte un cookie que l'on pourra même tremper dedans... sauf si l'on préfère le pain d'épices et les muffins qui sont aussi à se damner.

Étoile Lilas

Place du Maquis-du-Vercors, 20e • M° Porte-des-Lilas
Réservation par mail : cinebrunch@gmail.com

Brunch (+ place de cinéma) 29 €, brunch (+ cinéma enfant) 14 €

etoile-cinemas.com/lilas

CINÉ-BRUNCH • Ce cinéma réunit toutes les qualités ou presque. Tout d'abord sa vue sur Paris, l'une des plus belles que l'on puisse contempler. Ensuite, sa programmation. Ici, le meilleur du cinéma contemporain et classique est proposé à longueur d'année et au cours de festivals tout public. Mais le brunch, dans tout ça ? Il s'avère généreux, frais et *kids friendly* (une formule est spécialement conçue pour eux). Après le repas, reste à choisir le film de l'après-midi (le ticket est compris dans le prix du brunch) que l'on regardera dans une salle confortable et chaleureuse. Vive les dimanches pluvieux !

La Halle aux Oliviers

La Bellevilloise • 19, rue Boyer, 20e • M° Gambetta ou Ménilmontant
Tél. 01 46 36 07 07 • Brunch le dimanche en 2 services à 11h30 et 14h

Brunch (+ concert) 29 €

labellevilloise.com/la-halle-aux-oliviers

EH BIEN, SWINGUEZ MAINTENANT ! • Le café-restaurant de La Bellevilloise ne pouvait pas mieux porter son nom. Dans cette halle de 300 m^2 se cachent de magnifiques oliviers autour desquels on peut s'attabler, à moins que l'on ne préfère prendre place devant la scène près des palmiers, ou sur la mezzanine aux canapés chesterfields bien douillets. Après un petit café, direction le buffet à volonté, où l'on se sert en tartines, céréales, viennoiseries, muffins, cakes, tartes aux fruits, pain d'épices et briochettes au beurre. Puis vient le tour du salé avec différentes salades, poêlées de légumes, charcuterie, saucisse. Et tandis que le jazz se met à faire la java, c'est le moment d'aller faire un saut au stand du pain perdu, sur un air de Nougaro.

Liberté Ménilmontant

150, rue de Ménilmontant, 20ᵉ • M° Gambetta
Tél. 01 46 36 13 82 • Brunch samedi et dimanche à partir de 11h, sans réservation

Brunch 27 €

libertepatisserieboulangerie.com

COUP DE CŒUR • Vous êtes ici dans la boulangerie créée par Bernard Ganachaud, le créateur de la mythique flûte Gana qu'il cuisait dans son four à bois, et qu'on ne pouvait s'empêcher de grignoter sur le chemin du retour. En 2014, Benoît Castel rachète l'établissement et propose depuis à ses clients un buffet à volonté placé tout près du fameux four, au milieu des stères entassés un peu partout. Le brunch est aussi alléchant que plantureux, alors un conseil : goûtez de tout en petites quantités, quitte à y revenir plusieurs fois. Poulet rôti et pommes grenailles, quiches, œufs durs, plateau de fromages démentiel, confiture de lait, pancakes... On mange en regardant le boulanger sortir son pain du four et l'on retourne au buffet prendre un ananas rôti, une part de cake, de cheesecake ou de flan. À ne pas manquer : le pain de mie ou le pain parfumé au miel de forêt et au sel fumé.

Index

INDEX ALPHABÉTIQUE

INDEX THÉMATIQUE

COOL & COSY

GÉNÉREUX BUFFETS

CLASSIQUE ET GOURMAND

COMME UN REPAS

KIDS FRIENDLY

GRAND ART PÂTISSIER

HEALTHY ET/OU SANS GLUTEN

IN ENGLISH PLEASE

SAVEURS DU MONDE

SAVEURS DE NOS RÉGIONS

CRÉDITS PHOTOGRAPHIQUES

Édition : Sandrine Gulbenkian et Mathilde Kressmann
Relecture-correction : Marine Bastide et Olivier Debanne
Direction artistique et couverture : Isabelle Chemin
Maquette : Marylène Lhenri

ISBN : 978-2-37395-009-0
Dépôt légal : mars 2017
Achevé d'imprimer en UE en février 2017